尋山，發現人情

東高雄 山/食/農/藝創生故事

目錄

往
杉林線
有間來聊

目錄

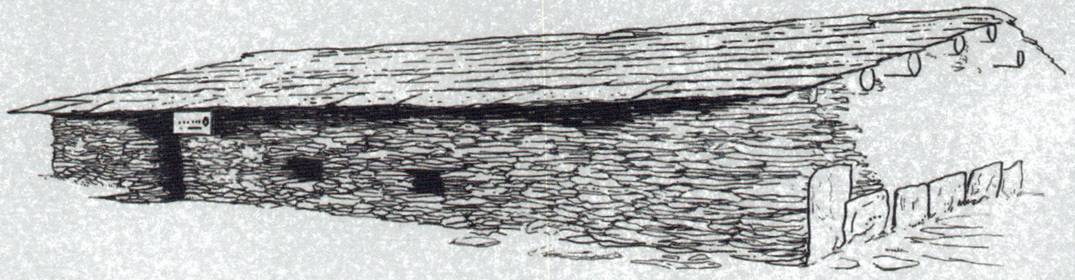

局長序 攬一手東高雄 物美豐饒

《尋山，發現人情——山食農藝創生故事》，是東高雄在地積攢了許多光陰與笑淚而綻放的一株豔色花蕊，在當代地方文化創生的範疇內，廣羅收錄來自東高雄各地創業者的點滴珠璣。本書，共計收錄卅六篇走訪圖文，包括在地店家專訪、地方主題導讀、獨立書店散策等精彩記述，除了文字，更有聚焦在地生命風景的攝影與插畫，形就質量兼具的內容與版面設計，給予人們深刻的視覺印象，彷若隨著撰稿人與攝影師的筆尖和視線、親身體驗東高雄的山河人情。同時，這也是一部「回鄉指南」，讓許多離鄉背井、飄泊打拚的高雄遊子，從翻閱書頁的第一刻起，重返島南的港岸與驕陽，複習家鄉的土地與人情風景。

東高雄各地坐擁令人驚豔、讚嘆的人文自然景貌，豐美的自然環境與充沛的人文養分，揉合為山野鄉林與現代文明的協奏曲——沿著楠梓仙溪、荖濃溪及其支流五條流域路線踏查巡訪、探見山食農藝多采多姿的多元創生風貌。常民世居群落於此、前人淬鍊傳承老藝古技。從養育人才的獵人學校，到山珍美饌的林蔭餐廳；從漫行古道的帶路能手，到原野遍開的香草豔花；從藍衫飄揚的美感學養，到草本綺馥的香草園地；從守望家土的農場培植妙手，到書香溢滿的驛站文旅……人面雖有不同，人心純樸一志，一石一草一木，皆蘊含有人文靈氣散逸。

本書集結十四位作家攝影繪者、三十六篇主題指路專訪、十四間獨立書店散策、六條古道巡走路徑、兩座吊橋渡溪探險等精彩內容，佐以近身即時的攝影與插畫，是為首部東高雄深旅叩門磚、覽物逛店必備手冊，讀覽同時，彷彿亦隨著採訪者與攝影師的筆尖與鏡頭、遊歷東高雄豐美多姿的一物一景——這是一部美麗且實用的「東高雄九區指南」，引領讀者展開一段與眾不同的體感旅行，找到重返島南山川壯景的情感動機，近身感受東高雄的土地與人情風景。

無論置身何處何方，必定有樂意付出心血氣力、戮力守護傳統文化的職人、孜孜不倦戮力耕耘的殷勤身影。他／她們根紮於此，與族群融合共創、與現代轉型對話，只因這裡是自己永恆眷戀的家鄉——東高雄。

落葉終將要歸根，遊子終究要歸鄉，這班啟動自島南的列車，讓我們邊讀邊走，島南起家、從心出發。

高雄市政府文化局局長

王文翠

總地圖

楠梓仙溪、二仁溪、溝坪溪
美濃溪、荖濃溪、濁口溪

繪者／林建志

一八七一年湯姆生古道三條路線

E 甲仙──白雲仙谷

D 枋寮（金興社區）──六龜

C 木柵禮拜堂──柑仔林禮拜堂

B 大林古道 大林──永興教會

A 茶九縱走 雙溪樹木園──北坑

總導讀

1-1 楠梓仙溪：那瑪夏、甲仙、杉林、旗山

1-2 二仁溪、溝坪溪：內門

1-3 美濃溪：美濃

2-1 荖濃溪：桃源、六龜

2-2 濁口溪：茂林

總導讀　復起一片新鄉土風光

蘇福男／文．李阿明／攝影

東高雄山巒疊嶂、溪水潺潺，盛夏，我們沿溪走河，深入山林造訪族群和聚落，依循著古道帶路人的腳步，走讀百餘年前的文化路徑，隨著前行的每一步，更深度地與自己、土地、生命對話，領會前人在這座島嶼所留下的恩典、慈愛與祝福，更感動於深山、平原各族群為文化復振所付出的心力。

這次《尋山，發現人情——山食農藝創生故事》聚焦東高雄，由一群在地作家、文史工作者、插畫家和攝影師組成的採訪團隊，歷時半年沿著荖濃溪、美濃溪、濁口溪、二仁溪及楠梓仙溪等流域及支流，一步一腳印踏遍巡訪採集各族群歷史文化、古道、吊橋、步道師、文化路徑、文化復振、獵人學校、水雉棲地、友善農場、有機書店、創生店家和協會，探見山食農藝充滿迷人且魅力十足的多元創生風貌。

二〇〇九年的莫拉克風災重創東高雄山區，歷經十五載韶光荏苒、休養生息，山裡的人自然而然長出與山共存的方法：六龜新威謝家世代在荖濃溪畔耕作，坦然面對一次次天災的嚴酷考驗，災難過後就是趕緊砌石復耕，後人福興伯還將傳統砌石工法運用到現代河溪治理工作，而獲頒「榮譽步道師」的殊榮；原本從事婚紗攝影的六龜女兒吳憶萍，返鄉遭遇八八風災重創家園，想為這片土地做點事，從營造溼地到創辦「多多鳥溼地學校」，開啟一段意外的人生。

而在重建家園的過程中，許多族群察覺到傳統文化流逝的嚴重性，而相繼投身文化復振工作。

在楠梓仙溪畔，我們聆聽那瑪夏南沙魯部落布農族人林南吉

旗山美景

「少小離家老大回」，風災後，以六十二歲之齡回到部落創辦獵人文化學校，帶領族人尋找自己與族群的根的故事；桃源布農族人海舒勒（Haisul Ispalavi）回到拉芙蘭部落後，以拉庫斯溪（Lavulang）流域為基地，創辦獵人學校，以自然場域為教室、祖先的智慧為教材，帶領布農族年輕一代重新認識並珍惜自己的傳統，特別是狩獵文化。

來到溝坪溪，長期關注西拉雅議題的內門木柵西拉雅族人李蕙琪，將公婆留下的農場轉作集穡室快樂農場，與教會牧師夫婿共同從事族語、族語歌謠、詩歌創作、戲劇創作、竹編及十字繡傳統技藝等西拉雅文化復振工作。

遊子返鄉經營創生店家，也有令人意想不到的精彩：長年在外打拼的甲仙女兒蔡錫雯，發現一個根植在地、與左鄰右舍串聯的據點，可以讓很多有趣的事發生、延伸，因此毅然返鄉主理國小同學將碾米場老宅改造的咖啡廳空間，就為了讓歸鄉的甲仙人有處敘舊的據點。

而內門中埔人口中的「醫生館」，在第三代的創意發想下，重新整建為咖啡館，成為社造秘密基地，繼續以「中埔 59」的名字紀錄屬於地方以及家族的故事。

風雨過後的東高雄，天色漸光，正以滿盈的生命力迎接風、迎接陽光，迎接每位遊客的到訪。

1-1

楠梓仙溪——那瑪夏、甲仙、杉林、旗山

❶ 獵人學校—林南吉
❷ 木之屋餐廳
❸ 古道帶路人—鄭添德
❹ 治源碾米所
❺ 陳家友善香草園
❻ 大林協會
❼ 山豬窩書店
❽ 古道帶路人—楊永坤
❾ 陽光杉林
❿ 小森時光
⓫ 有閒來聊
⓬ 杉林葫蘆藝術
⓭ 公明宮
⓮ 鴨拓草
⓯ 日光照相館

治源碾米所
公館
29
鄭添德
甲仙
陳家友善香草園
白雲仙谷
鹽桑坑
楊永坤
杉寮溪
20
至茗農
南光
關山
和興
五里埔
小林
杉寮古道
至六龜
南沙魯
林南吉
瑪雅
木之屋
29
達卡努瓦
林有機書店

導讀

自己的庄頭，我們的根

流域生成的人情世態

蘇福男／文・盧昱瑞／攝影

楠梓仙溪

在玉山與阿里山山脈間，高屏溪兩大源頭之一的楠梓仙溪，流域裡族群組成多元，由於一場世紀災變，部落家園遭受到嚴重破壞，讓族人在重建過程意識到傳統文化的消失危機，而意外展開文化復振之路。

那瑪夏南沙魯部落的林南吉，六十二歲回到部落辦理「百年文化體驗營」活動，規劃創辦獵人文化學校，教導年輕人如何在深山中求生、學習獵捕技巧，以及建造草屋和織布編織，學習老祖先的山林智慧。

商圈總幹事陳誌誠建立「陳家友善香草園」，融入小旅行行程，介紹園區香草植栽外，並鼓勵年輕人組棒球隊出外比賽，也讓喜愛廟會的年輕人在社區彩繪神明，開始參與自己的庄頭。

返鄉定居原不在德哥的人生清單，鄭添德將父親生前的農園轉型為阿德農場，農場鐵皮牆上掛滿各式各樣的手工鋸，並蒐藏大批古物件。

甲仙女兒蔡錫雯感動國小同學為保存家族塵封已久的碾米廠，將老宅改造成咖啡廳，風般的女子返落鄉土開店，義無反顧守護這個召喚甲仙人年少時光的定錨點。

枋寮古道帶路人楊永坤是大武壠族人，十幾年前帶隊在金興吊橋下枋寮溪舉辦「瘋枋寮音樂會」，十幾年過去了，這位老頑童依然在大武壠傳統文化復振路上勇往前行。

軍職退役的李孝生，懷抱夢想來到杉林種植澳洲茶樹，經營莊園「陽光杉林」，也是杉林有機書店的分館。

將近二十年過去，「葫蘆藝術文化村」變身為「杉林葫蘆藝術館」，但杉林囡仔何明賢仍在實踐當年的理想。

返鄉的邱錦盛，將客家人常見的招呼語「有閒來聊」，作為咖啡庭園店名，只要有閒，就坐下來聊，帶著滿腹美食與故事，趿入林中日常。

大林社區發展協會總幹事宜錦茂從演員到社區文化復振的推動者，他在社區文化調查過程中，意外發現自己是西拉雅族，而展開一段關於尋根、認同與重建的動人旅程。

高雄女兒李淑萍，在疫情期間於旗山轉運站旁開設山豬窩高雄山脈店，成為周邊區域相當重要的地方書店及文化交匯的重要場域。

楠梓仙溪在卡那卡那富族的傳說，儘管少年歷經苦難，卻為族人開創美好豐饒的未來；而在布農族語則有「明天會更好」的意思，這片土地上的人們懷抱著憧憬，堅毅地走在自己的道路上，每一則故事都深深打動人心。

報戰功

獵人學校—林南吉

飄揚弓琴聲韻的文化記憶

諦聽族裔復甦之聲

余嘉榮／文．鍾舜文／攝影

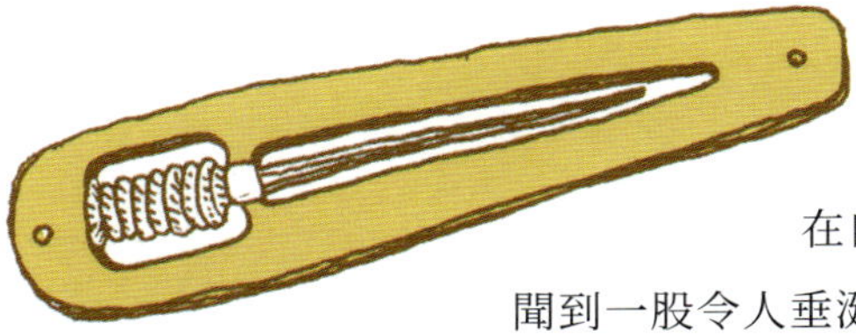

五月的晚春，正是那瑪夏水蜜桃盛產的季節。南沙魯部落的街道上處處可見部落族人在自家門前整理果實的景致，就連在空氣中都可以聞到一股令人垂涎欲滴的豐收氣息。原名巴拉卡夫（Palakav）的林南吉老師在他宛如工藝博物館的家裡，用布農族傳統的弓琴為我們這群遠道而來的朋友演奏了一曲輕快優雅的調子。

幾乎已經快要失傳的布農族「弓琴」是一種取長條形的竹片做琴身，以細麻繩作為弦的彈撥式樂器。彈奏的時候需要用嘴唇含住琴身竹片，以手指撥動琴弦，藉由琴弦的振動在口腔產生共鳴，以發出不同音階，譜成曲樂。林南吉老師在演奏古調的時候，原本緊張的神情似乎已慢慢地轉化成一種溫柔，他說：「每次吹奏弓琴的時候，總會想念起部落的老人家。」

左：林南吉工作室中一隅，保存著部落傳統文化的美好精髓。

下：布農族「弓琴」彈奏的時候需要用嘴唇含住琴身竹片，以手指撥動琴弦，藉由琴弦的振動在口腔產生共鳴，以發出不同音階。

人生的轉變與反思

對於林南吉來說，從弓琴、木雕、竹編、繪畫到狩獵。這些技藝都是來自部落長輩與大自然的訓練與傳承。他說：「布農族的父親會在孩子還小的時候，就開始傳授生活技能和求生常識。我從小學三年級的時候，父親就帶著我進入山林，只給我一把刀跟鹽巴，教導我在野外如何生存。如果你不專心聽，後果自負。在這樣的訓練下，布農的孩子自然學會了在野外生存的技能。」

即使在都市中生活多年，林南吉仍覺得自己更適應山中的生活。他曾住在臺北近三十年，但仍經常回到山上。談起了他在宜蘭的佛光大學、輔仁大學、臺大文學院，以及社區大學擔任講師的經歷時他說：「我會去教書是因為年輕時我在餐廳上班，放假我就開始找藤來做一些作品，剛好有一個文化大學的老師看到，問我為什麼把作品拆掉又重作？我說我在試做。其實那時候我已經開始把我頭腦裏面的記憶找回來。那位老師告訴我作品不要丟，如果可以分享的話是最好，所以他就引薦我去學校，後來就有幾個老師來拜訪，邀請我去社區大學。」

林南吉感慨：「身為一個布農族人，沒有一技之長是行不通的。」他在屏東農專學習，四十歲之後進入玄奘大學就讀社區營造管理學。莫拉

左上：展覽用以及實際使用的羊角鉤。
左下：寫有名字與槍枝登記號的合法獵槍。
右：手拿搖籃及獸骨的南吉老師。

克風災之後，林南吉的家鄉南沙魯部落遭受到嚴重的傷害，讓他深刻地體悟到傳統文化消逝的嚴重性，於是在六十二歲時回到部落，結束了多年在外漂泊的日子，開始尋找新的生活意義。

用力創作，才能貼近祖先

返回家鄉沉澱自己的心情之後，林南吉意識到不能將傳統技藝留存在自己的記憶中。於是他開始思考，如何把腦海中關於布農族文化的記憶、生活經驗轉化為現代人也能理解的形式。除了在旗美社大展開教學工作之外。他開始在南沙魯辦理「百年文化體驗營」的活動，他教導年輕人如何在深山中進行求生訓練、認識植物、學習獵捕技巧，以及利用天然資源建造草屋和織布編織。這些技能不僅是布農族生存的智慧，也是文化的一部分。對於這些課程，他特別重視的是讓都市中的孩子能夠理解並體驗這些與自然相處的技能，而不僅僅是原住民的小孩才有機會學習。

林南吉說：「我小時候，經常聽到部落老人講述布農族的故事和神話傳說，我習慣性地將這些故事記錄下來，從布農

手拿搖籃的南吉老師

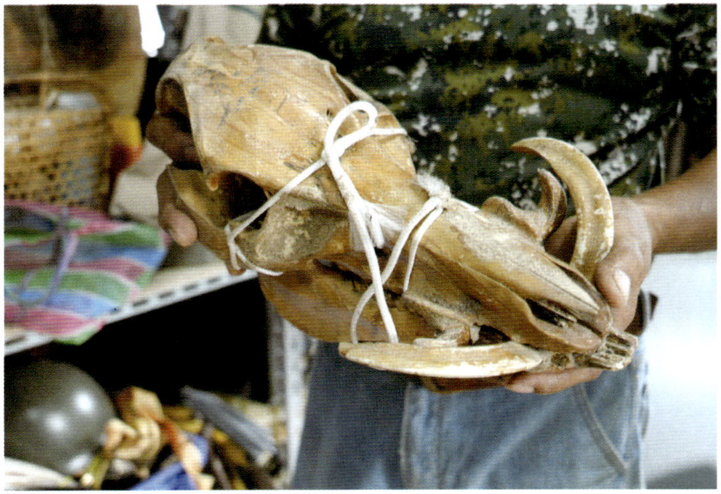

族的禁忌、神話到老鷹的故事，每一段都是族群的歷史與記憶。如今臺灣的布農族受過高等教育的人，由於與上一輩長者缺乏接觸，許多原始的故事與文化內涵已經遺失。我認為這樣的斷層讓現代對布農族的理解變得單一化，偏離了文化的本源。」

在現代社會開啟多元的文化對話

歷經了現代與傳統交錯的旅程，林南吉在南沙魯部落的上方，一處被群山環繞的開闊地，規劃獵人文化學校，想要以此為基地帶領族人尋找自己與族群的根。林南吉提到：「布農族的衣服上裝飾貝殼，是因為傳說祖先來自一座充滿貝殼島嶼，象徵著對故鄉與先人的思念。文化不僅是過去的遺產，更要轉化成生活態度。我要在這裡建立一個平臺，在原鄉的自然環境中，教授狩獵文化、植物編織和自然材料的藝術創作，讓更多人了解和體驗原住民藝術之美，為現代社會開啟不一樣的文化對話方式，思考如何為部落找出長遠的發展模式。」

右上：林南吉利用自然材料創作的藝術作品。
右下：採訪夥伴的手與藝術家的大手。

情報資訊

路徑風景

從甲仙沿著台 29 線往深山裡蜿蜒前進，楠梓仙溪與時而平緩、時而陡峭的峻巖石壁，交織途上蒼茫蓊鬱的荒野景致。南沙魯部落是進入那瑪夏區的首個部落。若繼續前進，接著遇到瑪雅及終點的達卡努瓦部落。抵達南沙魯的時候，很多人會注意到佇立在部落入口處，一隻身體烏黑、嘴巴鮮紅，嘴裡咬著火把的神鳥，這是布農族的聖鳥「凱畢斯」的雕塑。傳說聖鳥「凱畢斯」為了拯救族人遭受水患而失去火源的災難，捨身叼火照亮守護了族人，而林南吉老師的工作室座落於穿越南沙魯部落的公路旁，如凱畢斯以文化戍守家園。

文化符碼

傳統弓琴

弓琴是布農族的傳統樂器，族人用一長條形的竹片彎曲成弓，再用植物纖維或細金屬絲分別繫於竹弓兩端作弦。是一種利用口腔共鳴發聲，以彈撥弓弦演奏曲調的樂器。

農作體驗

藤籃小倉庫／博物館

返回部落後，林南吉於平坦坡地入口處，建構起自己的工作室兼倉庫。這幢簡單質樸的鐵皮建築與其說是倉庫，倒不如說是一座小型文化博物館。裡頭除了老師的編織、農作、狩獵、木雕工具之外，更是琳瑯滿目的展示著歷年來汲取自傳統文化記憶的創作。有技法精緻的竹編、籐編作品、傳統頭飾配件、木雕創作與布農族人宣示狩獵戰功的毛皮獸骨。

百年文化體驗營

未來，林南吉規劃在那瑪夏推出一系列的「百年文化體驗營」。學習老祖先的山林智慧，如傳統文化裡的編織、釀酒、音樂、自力造屋；也體驗在深山裡的生存技能。山林生態、陷阱狩獵、原民生存法則等，透過體驗營的平臺，讓部落青年發掘自我專長、重建消逝中的布農文化。

卡那卡那富的原地滋味
秘境中的好味道——

謝沛瑩／文・鍾舜文／攝影

情報資訊

木之屋餐廳

位於台 29 線旁，那瑪夏環外道路的木之屋餐廳，可說是個雙重秘境——先鼓起勇氣轉進林道，蜿蜒爬坡之後，再往小徑下切，最後抵達一片頗具野趣的空地。眼見一兩間矮房，餐廳呢？直到老闆不知從何處鑽出來招呼才發現，走下狹窄的樓梯之後，別有洞天。

地址 高雄市那瑪夏區達卡努瓦里三鄰秀嶺巷 225 號
電話 0975-196550（預約制，需三天前電話訂位）

Google Map

木香與林景中的傳說

由老闆一手打造的建築體，牆面幾乎都是圓木與板材，氣氛粗獷而慵懶。半山腰的用餐區風景寬闊，可以遠眺楠梓仙溪流域的山林美景。瞇眼辨識遠方是否為達卡努瓦部落舊址時，正好有隻紅嘴黑鵯停在靠紗窗的枝枒；牠是臺灣特有亞種，同時也是布農族神話中，協助族人取火的神鳥。

自由發揮的在地味

那瑪夏區居民以布農族為主，卡那卡那富族次之。餐廳老闆翁德才（才哥）是卡那卡那富族人，曾在臺北五星級飯店擔任主廚，嘗遍國內外珍饈卻仍然鍾情於家鄉味，回鄉不僅發展原住民料理，也進行卡那卡那富族語、文史推廣。

這裡沒有固定菜單，使用在地、當季食材，靠老闆多年研發的料理知識、與對食材的感性自由揮灑，溪蝦、山筍、合法飼養山羌肉，無不使人食指大動；挑對時節來訪才能嘗到的水蜜桃涼拌山豬肉，更是爽脆清甜。

臺灣總督府專賣局
樟腦小賣所
樟腦小賣人

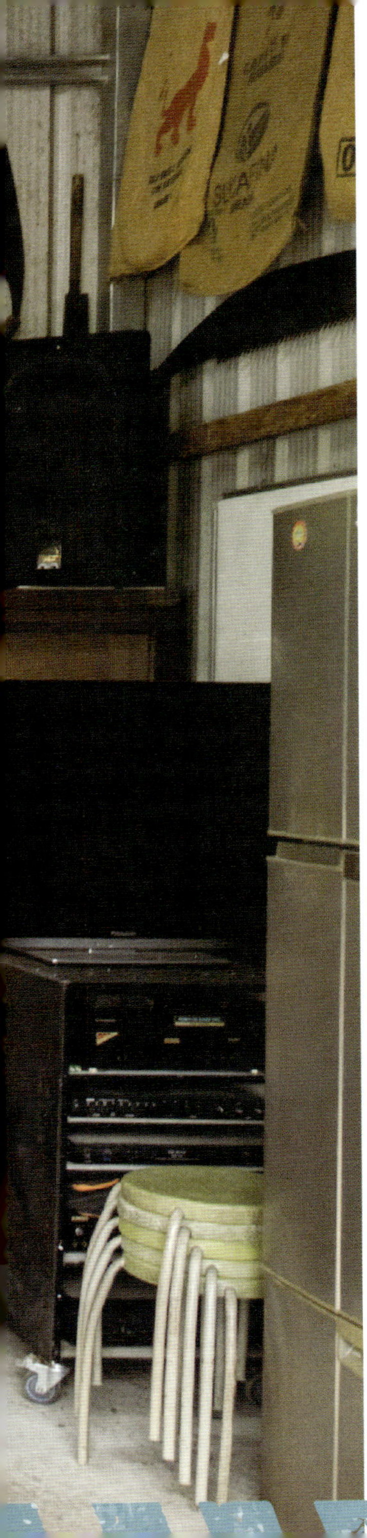

古道帶路人—鄭添德

大溪與土地的實踐者
食好食滿炊山風

蘇福男／文．盧昱瑞／攝影

機車跨過甲仙大橋，來到甲仙唯一、也是最熱鬧的文化路商圈，有如掉入芋仔的國度。甲仙大橋全身下上都是芋仔的淡紫色，放眼望去廣告招牌盡是「某芋粿、某芋餅、某芋冰」琳瑯滿目，絲毫不放過每個路過的遊客眼球；就連路邊攤賣的都是標榜在地新鮮的甲仙芋，無論走過或路過甲仙，很難不沾惹一身的芋仔味。這條不到兩公里的文化路，不過是台 20 線南橫公路的其中一小段，南橫從臺南市中西區湯德章紀念公園起點，往東行經玉井、南化進入高雄境內甲仙，續行至六龜荖濃、寶來、桃源可直通後山臺東海端。

這條全長二〇四公里的橫貫公路，一路從平地二十二公尺蜿蜒起伏彎繞至海拔二千七百二十二公尺的大關山埡口，沿路途經隧道、峽谷、大崩壁、雲海美景美不勝收，自一九七二年十月卅一日開通以來，每年磁吸大批國內外遊客造訪，甲仙因位居旅途必經之地，靠著南橫觀光風光數十年，直到二〇〇九年莫拉克風災重創南臺灣，柔腸寸斷的南橫封山復建十多年，遊客不來，人煙稀落，甲仙在地經濟元氣大傷，至今尚逐步復原中。

左：阿德農場珍藏滿屋子甲仙人的物件。

往昔農家樂，日常回甘味

機車穿過甲仙熱鬧街道，繼續沿南橫公路前行，在甲仙國中附近的一處彎道轉進一條濃蔭隱蔽的羊腸小徑，已是懷舊骨董車的 KTR 在崎嶇陡峭的小徑，使出渾身解數衝上坡，斷續發出「轟！轟一轟！」的嘶吼聲，正擔心著老車是否足以負重前行，突然眼前視野一片開闊，傳說中的阿德農場終於現身視野之中。

阿德農場，原來真的是一座「農場」一除了一間鐵皮屋、一座水塔，就是種滿二甲地的芭樂、橄欖、牛奶果、黃金果、紅毛丹和葡萄桑，樹下還散佈著幾個放養野蜂的蜂箱。「德哥」鄭添德在簡陋鐵皮廚房內，忙碌張羅起一桌在地美食，要餵飽光臨的每一張伶牙俐嘴。

「這是鹹菜、高麗菜酸，那個醃漬的梅子是自家種的，都是以前父親帶上山的便當菜。」眾人好似餓了幾世紀的吸血鬼，每一樣都來者不拒、狼吞虎嚥，德哥神采奕奕繼續說菜，偏遠山區撐持家計不易，夫妻間相扶持的疼惜，全部都裝入小小的農家飯盒裡，「以前還有一樣『豬油渣炒味噌』，也很下飯，母親為父親手作的便當則是一盒菜、一盒飯，父親吃完菜，會留四分之一的飯，加入冰水、黑糖當飯後甜點。」

左：阿德農場隱身南橫甲仙國中附近一處彎道濃蔭羊腸小徑。
右：手握獵槍、同時烹煮一桌佳餚，就是鄭添德的獨門本事。

先人之物件，存於甲仙地

德哥的另一個祕密基地，則是隱身在山下甲仙分駐所旁的一間倉庫，裡面堆滿了百年雜貨店的鐵牌、甲仙中藥房的藥櫥、寄藥包、各式各樣的古早農器具。此外，還有一把父親生前狩獵

鄭添德與他的百年雜貨店

左上 : 阿德農場蒐藏有閩、客、原民各種稀有生活器物。
左下 : 鄭添德善用竹筍、青梅、龍鬚菜等甲仙在地山野食材，開發獨家料理。

使用、甲仙地區極為少數的合法獵槍，「從小家裡就開雜貨店，長大喜歡收藏古物件，也算是在收藏甲仙人兒時的記憶。」鄭添德緩緩說道，「甲仙人的物件，就應該留在甲仙保存。」

農場的另一項吸睛焦點，則是掛滿鐵皮牆上各式各樣的手工鋸，「父親年少就在製材所工作，身後留下一批鐵鋸，訪問者老後才發現支支都是寶，後來加上收藏共有二十種約五、六十支鐵鋸，每支鋸子功用都不同，像每五孔就有一個槽溝設計的『五齒鋸』，在鋸切木材時鋸齒不易被纖維夾鋸；要鋸斷五到十人合抱的臺灣紅檜，就要使用『雙人拖鋸』，這種鋸子有六尺、八尺、十尺、十二尺、十六尺，可折疊帶上山，還有直直往下鋸尺寸不會走鐘的『牛尾鋸』。」對於討山人的家私物件，德哥如數家珍、視為珍寶。

山林的呼喚，使遊子回鄉

返鄉定居原不在德哥的人生清單，但山裡的孩子終究是要回歸到山林。和許多同儕一樣，從最高學府甲仙國中畢業後，德哥就到外地求學、工作，遠赴臺北服憲兵役，婚後搬回高雄市區在一家連鎖超市上班，因老闆經營不善歇業，德哥首次返鄉另尋出路，借重德嫂的料理手藝，在車水馬龍的甲仙大橋邊擺攤炸溪蝦，拜南橫觀光之賜，「炸溪蝦常常供不應求，生意好得不得了，每週只需週末工作，平均週休五天哦！」

未料，好景不常，一場莫拉克風災摧垮南橫榮景，遊客不來，德哥的口袋也面臨山窮水盡窘境，為了生計，德哥不得不再度

阿德農場鐵皮牆上掛滿各式各樣的手工鋸，對於討山人的家私物件，德哥如數家珍、視為珍寶。

離鄉外出討生活，但此時快五十歲的中年大叔轉業談何容易，「找來找去只有拉保險、當保全或房屋仲介、汽車業務員，想做個小生意，地點好一點的店面月租動輒幾十萬！」一年後，德哥絕望認命下定決心返鄉定居，靠賣牛排重起爐灶。

「喜歡每天睜開眼睛就看到翠綠的山林，喜愛山的寧靜。」廿多年前德哥和甲仙一群在地夥伴，跟隨游永福師兄四處踏察、找尋一百五十幾年前蘇格蘭攝影家約翰．湯姆生的探險路徑，往返白雲仙谷幾十趟，終於在一次枯水期走到瀑布上方拍照，再回來比對湯姆生留下的老照片，方才確認百年前的拍攝點，不斷鑽研在地文史和自然生態知識，身為料理達人的德哥，同時也是導覽解說的風土通。

野外露營近年來成為廣受民眾青睞的休閒活動，「阿德農場」也有闢建露營區的規劃，甲仙因為水源保護區緣故，不能開設民宿、旅館、醫院，財團無法投資開發，是阻礙甲仙商圈發展主因，多開發一些特色景點，讓遊客多停留一點時間甚至夜宿休憩，甲仙就有多一點的發展機會，但合法露營區的投資動輒上千萬，「現在就是慢慢來，因緣俱足，總會有甲仙人圓夢的一天！」

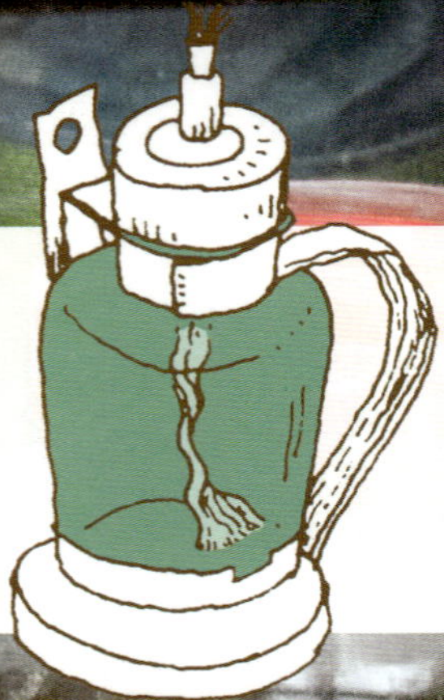

情報資訊

在地美味

鄭添德獨家開發的料理，善用竹筍、青梅、龍鬚菜等甲仙在地山野食材，結合客庄鹹菜、高麗菜酸醃漬料理的「獵人餐盒」，品嚐過的人皆讚不絕口，德哥平日有帶隊甲仙小旅行，主要有白雲仙谷湯姆生探險路徑和六義山兩條路線。

文化符碼

回溯時光脈絡

甲仙普門書局創辦人游永福，從 2001 年起投入甲仙文史研究，以照片和遊記為線索，展開長達十八年的湯姆生百年前足跡調查，於 2019 年出版《尋找湯姆生：1871 臺灣文化遺產大發現》一書，帶領讀者回到百年前的南臺灣，一探平埔族群西拉雅族與大武壠族的生活樣貌。

帶路導覽

地質特色

就地質學眼光以觀，甲仙全區幾乎皆為海底沉積岩，有多達九座主要化石區，臨近的楠梓仙溪更是可直接體驗採集樂趣的化石樂園，特殊的地理背景促成甲仙化石館在卅年前成立，展出內容主要為臺灣內海的魚貝類生態遺跡，分成甲仙翁戎螺化石館、甲仙當地化石、依年代區分的臺灣各地化石及世界化石四塊展示區，館藏共計六千餘件，為地方專業博物館，目前封館整建中。

一八七一年湯姆生古道 E 路線

带路導覽

白雲仙谷

白雲仙谷位於旗山斷層條帶上，其岩層為厚糖恩山砂岩與薄鹽水坑頁岩互層構成，富含海相化石、天然瓦斯與水泉花，因白雲仙谷流域具天然瓦斯資源，在地人又稱為「火孔坑」；1968 年，時任省主席黃杰巡視南橫公路闢建工程，見此山為白雲披覆，新命名為「白雲山」，1991 年間，有林姓甲仙腦丁後代在此處經營遊憩區，取名為「白雲仙谷」；1871 年，蘇格蘭攝影家約翰・湯姆生（John Thomson）的南臺灣行旅，為白雲仙谷瀑布古道留下珍貴影像紀錄。

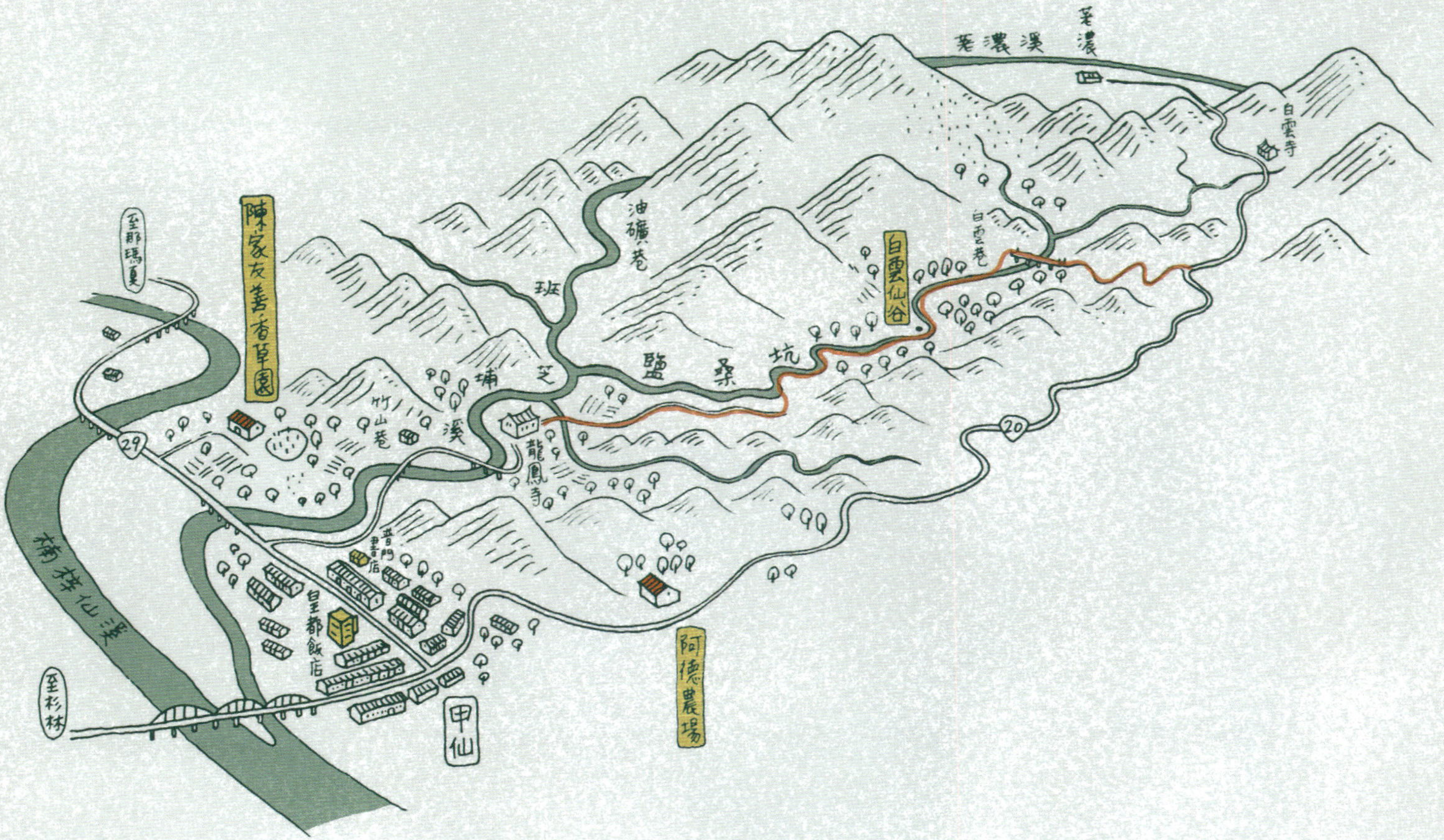

治源碾米所
日式刨冰
咖啡—點心

治源碾米所

轉動新氣象的木製老米絞

不忘本源的溫潤記憶

謝沛瑩／文．盧昱瑞／攝影

治源碾米所位於台 29 線上，斜對面即為東進南橫公路之前的最後一個加油站。經營者蔡錫雯說，因為碾米所位在出入甲仙街區的必經之處，所以她與同輩朋友都對這裡多少有印象；在年輕人多半離鄉工作的甲仙區，遊子出外與歸返的來回往復中，這棟矮房像是一個召喚年少時光的定錨點。

門口地面畫著懷舊的跳格子圖案，偶爾會看見中年朋友教自家小孩如何遊玩，跳得比小朋友更賣力；咖啡店木門上暖簾迎風翻動，彷彿熱情招呼過路客入內。後來問起 FB 粉絲專頁名稱後綴的「+J」是什麼，方知就是「這裡坐」的臺語；看來臺灣人可以遠離都市喧囂，但無法擺脫諧音哏。

左：蔡錫雯（右）與前經營者（左）原來是國小相識的同窗。

保存在地的感心故事

所長蔡錫雯說，屋主的小孩（前經營者）是她的國小同學，為了保存富含歷史文化的家族資產，斥資將二十幾年前停業的碾米廠重新規劃、整理。塵封的六十年老磚造房，主要空間在保留結構與風格的前提下，改造成舒適的餐飲區，置放木造碾米機（米絞）的別室則完全維持原貌，水泥牆上年紀比自己還大的塗鴉、木色溫潤的樑柱，都是原汁原味。有客人盛讚某一支烏黑油亮、包漿完美的原木大樑，打趣要自願幫忙整修、再趁隙把樑拆回家。

店名中的「治」為碾米所創建人名中一字，「源」則是取溯源不忘本之意。「我覺得他們付出努力，把自己家族的回憶、地方的記憶保留下來，是令人感動到起雞皮疙瘩的事情。」別人的故事說著說著感動到起雞母皮；但她接手經營的始末，同樣讓我聽了熱血沸騰。

風般的女子返落鄉土

「回來開店，最高興的除了我的房東同學之外，第二個就是我阿嬤。」蔡錫雯的本業在生態工程相關，笑說自己不安於室、下：水泥牆上年紀比自己還大的塗鴉、木色溫潤的樑柱，都是原汁原味。

無法長久留在同一處，甚至不能一週七天連續顧店，否則會失去與人接觸的熱情——「前一份工作待了十幾年，久到心生厭倦，案子結束後許下每年都要換工作的心願，不要再被任何地方綁住。」這裡該不會也是其中一個逗點吧？「不，這裡是綁住我的其中一個地方。」她打趣笑說。

嘴上說被綁住，能回鄉工作卻也是得償夙願。蔡錫雯說，之前為協助政府單位做公共關係維護，在雲林進行環境教育、生態保護宣導，跟社區居民關係緊密；「但偶爾就會覺得，在別人的社區做那麼多，什麼時候可以回到自己家鄉做一點事情？」

新冠疫情期間，觀光、餐飲業受衝擊，好友的咖啡店也暫歇。「後來我看疫情緩和、南橫也開通，問他『啊你是何時要開』，才知道他在外地找到了同樣熱愛的工作，暫時沒有打算回來。我們都是講話很直的人，對方就半開玩笑回，要不然你來做啊。」

返鄉機會從天而降，毫無餐飲業經驗的蔡錫雯卻猶豫了一整年，最後可能是朋友開店的初衷說服了自己。「這裡本來就是希望在地人放假回來的時候，可以有個地方坐坐、聊天。不然大家都說，回來只能坐便利商店，這樣很稀微耶。」有這個需求，正代表鄉親

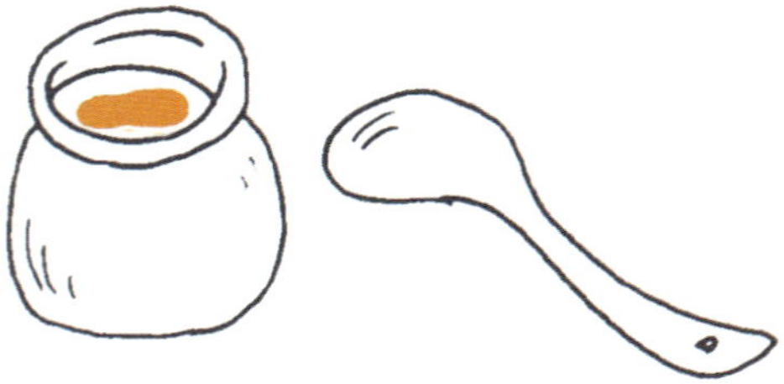

關係緊密。地方子弟從小學到國中都一起上課，畢業後一輩子保持聯絡是常態；重新開幕不到兩個月，畢業紀念冊上的名字已經來了大半。看到這裡確實成為歸鄉、敘舊的據點，也成了營業初期的一顆定心丸。

請走進來「這裡坐」

「櫃臺上面這顆冬瓜也被殺掉之後，我就沒有冬瓜了，除非有人聽到我的召喚，然後生出新的冬瓜給我。」店內的餐點盡量使用在地食材——或者反過來說，是在地食材找上了蔡錫雯。附近農家種的冬瓜、南瓜，為了拜拜購買的水果、鳳梨，「從甲仙各地四面八方雲集而來，」以敦親睦鄰之姿走進店門。

此外，店內也販售在地的農產品，從青農家裡「死拖活拉搶過來」的甲仙米、不同口味與口感的芋頭餅、姑姑下重本製作的龍鬚菜吐司、與附近中菜餐廳聯名的龍鬚菜司康等等。

「在這邊我要強調，龍鬚菜土司，保證沒有龍鬚菜味，大家一定要吃看看！」蔡錫雯解釋，高雄的甲仙、那瑪夏是臺灣龍鬚菜的第二大產區。龍鬚菜喜水、喜涼爽氣候，生命力強韌，

左：塵封的六十年的老磚造房，主要空間在保留結構與風格的前提下，改造成舒適的餐飲區，置放木造碾米機（米絞）的別室則完全維持原貌。

治源碾米所

不太需要使用農藥。雖有蝸牛攝食嫩葉及腐葉，但農民普遍認為蝸牛帶來了螢火蟲，變相支撐賞螢觀光產業。東高雄山區純淨的氤氳水氣提供良好的生長環境，農民自發性採友善環境種植，對水源保護也有助益。

蔡錫雯希望可以把龍鬚菜製作成更多再製品，也藉由更多商家串聯帶來效益。她發現，一個根植在地、與左鄰右舍串聯的據點，可以讓很多有趣的事發生、延伸。「大家會知道你正在做些什麼，然後就會有各式各樣的資源進來。我有時候會說這邊很像一個許願池，我來這邊許願，就會很容易實現願望。」

推開木門來這裡坐的，除了客人、食材、還有地方活絡的各種可能性。曾經巨大沉默的木造老米絞，正在以新的方式往未來滾動。

情報資訊

治源碾米所

位於台 20 線（南橫公路）往甲仙街區路上，老宅改造的咖啡廳，保留著舊式木造碾米機，懷舊風味十足。除了咖啡之外，供應運用甲仙在地食材的輕食、日式刨冰、早午餐，也不定時銷售左鄰右舍的優質農產品，如芋酥條、梅子製品等。

地址　高雄市甲仙區大田里新興路 20 號

營業時間　每周五～日、07:00 ～ 19:00

Google Map

農作體驗

創意料理

甲仙、那瑪夏龍鬚菜產量居臺灣第二，充滿在地好味道的創意點心，在治源碾米所也找得到。龍鬚菜吐司由芋冰街上的「裕珍食品行」出品，將龍鬚菜揉入麵團，以蜂蜜代替糖，抹上當季食材製作的抹醬，色香味俱全。另外，與在地人氣蔬食臺菜「中南蔬坊」合作、碾米所獨賣的龍鬚菜司康，鹹香風味讓人食指大動。

文化符碼

童年滋味

四季如夏的南臺灣，正餐結束再來一碗刨冰可能是不少人的日常。為了響應環保，碾米所鼓勵自備碗來裝刨冰，不管大小、不論內用或外帶，都非常歡迎；環保做著做著，冰碗開始變成碗公、鍋子，日前甚至解鎖了大臉盆成就，高雄人的好客與豪氣可見一斑。

耕耘一甲仙的芬芳

芋鄉裡的香草秘境

徐葆權／文．蘇福男／攝影

說到甲仙過去的第一印象就是「芋頭」。以前去過甲仙的人，大概都會對滿街的芋頭冰、炸芋餅、芋丸……各式各樣的芋頭產品感到驚嘆。但是莫拉克風災中，甲仙成為重災區，南橫以及最重要的聯外道路甲仙大橋中斷，使得甲仙的觀光產業全面頓挫。風災後，甲仙的人口大量流失，甚至連芋頭的種植生產都發生環境保育與世代青黃不接、無以為繼的問題。在重建中面臨許多危機，使得甲仙人不得不開始思索轉型，「陳家友善香草園」也應運而生。

左：「陳家友善香草園」以對環境友善的有機共生農法，種植各式各樣的香草。
上：陳誌誠看到了「香草」的潛力，創立「陳家友善香草園」並親自下田操持。

位在甲仙鬧區北邊的陳家友善香草園

農家生活轉型私房秘境

楠梓仙溪從玉山發源後，沿西南蜿蜒而下，切開阿里山山脈與玉山山脈，沿河道沖刷出一系列的河階臺地與小小的沖積平原。甲仙的主要街市就位在楠梓仙溪旁，班芝埔溪（油礦溪）從北方繞過街市半圈後與楠梓仙溪合流。雖然鄰近河流，但甲仙這一帶大多都是高地或山坡的旱田，難以種植水稻，不過卻意外的適合種植旱芋（山芋）。大約在光復初期，有民眾從苗栗帶來紅檳榔心芋的種苗，經過農會推廣種植與努力向外行銷，讓芋頭成為甲仙最主要的特色產業。而甲仙同時又是南橫公路的重要中繼站，也讓甲仙的芋頭與觀光產業相結合，帶來了一波榮景。

然而莫拉克風災，卻幾乎讓甲仙跌入谷底。

以香草馥郁樂活家土

甲仙本身既是風災的重災區，南橫公路又因受損嚴重而封路，令外地的觀光客卻步。甲仙中正路上「皇都飯店」餐廳的陳誌誠說，風災後什麼都沒有了。景點被山崩洪水破壞、遊客不再進來、甚至芋田也因為地質保育的因素大量減少。將近三年的

期間，甲仙的生計變得非常艱難，許多人因而被迫出外或甚至移居他鄉討生活。

眼見家鄉一片蕭條，擔任商圈總幹事的陳誌誠認為，甲仙或許應該要從過去太單一的傳統觀光、芋頭產業走出來，同中求異，發展一些與在地相關的全新產業。他從自身出發，收回了一塊位於甲仙北邊的山坡旱地。但要種些什麼呢？陳誌誠當時看到了「香草」的潛力。他認為臺灣專門種植香草的農民或園區不多，有其特殊性；再者，他從身為餐廳主廚的專業出發，認為香草可以入菜、泡茶，為餐廳增添新的元素，真正落實到他在甲仙的生活與事業之中；此外，香草園區還能讓社區或學校前來進行香草農事體驗，串聯在地單位外，更讓在地的孩子與甲仙的土地產生連結。於是陳誌誠建立了「陳家友善香草園」，整完地後親自下田操持，以對環境友善的有機共生農法種植各式各樣的香草，更逐步取得有機認證。

自己的庄頭，栽自家的根

當二〇一三年遭遇風災後的甲仙為主題的電影「拔一條河」上映之前，導演楊力州先生邀請了當時正在推廣深度體驗小旅行的洪震宇，來到甲仙協助重振地方，為陳誌誠帶來非常多的啟發。陳誌誠說，例如他們本來覺得甲仙好像沒有什麼特別的，怕洪老師失望。但是洪震宇卻持續鼓勵他們說，遊客來就是想

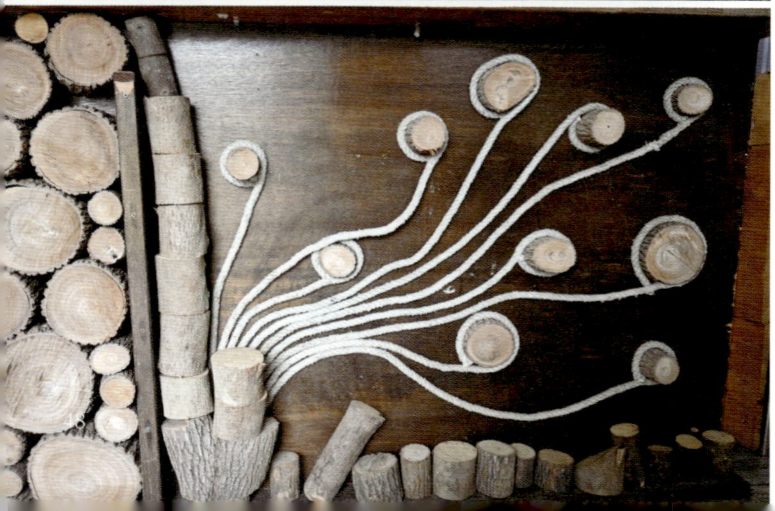

要體驗甲仙在地的生活，甲仙現有的事物、甲仙人的生活都是遊客想聽的故事。在洪震宇的鼓舞下，甲仙建構起自己的深度小旅行規劃，逐步擺脫「災區」的陰影。陳誌誠也將自家的「陳家友善香草園」融入小旅行的行程之中，介紹園區的香草植栽外，也講述如何愛護土地，廣受好評。

但是陳誌誠卻又發現甲仙風災後的另一個問題：人口減少、外流。風災前甲仙有近萬人口，至今只剩下五千多。青年為了拼生計不得不離開甲仙到外地奮鬥，現在甲仙的社區活動大多只剩長者在參與，而長者也迅速凋零。回來甲仙二十餘年，自認從返鄉青年變壯年又邁入半老的陳誌誠說，社區也不是沒有年輕人，地方的廟要「云庄」（ûn-tsng，遶境）時年輕人就都跑出來，但平常都不曉得躲在哪裡。陳誌誠花了許多時間與幾位帶頭的年輕人溝通，鼓勵他們組織棒球隊並協助安排他們出外比賽，也讓這些喜愛廟會的年輕人在社區彩繪神明，若有小旅行就帶過去，讓這些年輕人自己講解，開始參與自己的庄頭、社區。而對於回來甲仙打拼的青農、青年，陳誌誠也盡力幫忙，提供建立品牌的建議，守望著他們在甲仙的發展，希望能讓這

上：乾燥的各式香草。
下：年輕人在社區的牆上彩繪。

些青年真正在甲仙立足、生存。

「自己的庄頭，我們的根，如果不自己來參與，叫誰來弄？」陳誌誠說，他們一直拼到現在，就是希望能給青年建立一個能夠持續生存、發展的良好環境，大家一起來提攜、重振甲仙。相信從自家的友善香草園、到名為「甲仙」的這座香草園都親自辛勤耕耘的陳誌誠，一定終有一日得見滿園芬芳。

情報資訊

陳家友善香草園

陳家友善香草園位在甲仙市區北邊的 350 高地旁，是由陳誌誠親手種植打造的香草園區。園內除了可以參觀接觸許多種類的香草植物外，也設置了友善良心商店，可以購買、現場沖泡品嘗園內香草加工製成的香草茶。

地址　高雄市甲仙區和安里竹山巷 18-3 號

營業時間　每日 08:00 ～ 17:00 自由參觀（團體請事先預約）

Google Map

農作體驗

農作食材

身為「皇都飯店」主廚的陳誌誠，非常積極的採用在地食材入菜。除了甲仙芋頭外，還包括甲仙盛產的竹筍、梅子等農作，在「皇都飯店」化身為芋頭丸、酸筍、脆筍、梅漬豆乳雞等多樣豪華菜色，並結合香草園的新鮮香草，成為「皇都飯店」極具魅力的在地特色菜餚。

帶路導覽

甲仙社區小旅行

甲仙在洪震宇的協助下，開創出社區小旅行的路線，之後更參考這段經驗持續發展出不同的路線。陳誌誠利用「陳家友善香草園」作為遊程的其中一個休息或體驗的場域外，更蒐集許多甲仙的老照片與生活器物，在「皇都飯店」內展示，並為來訪的旅客解說，讓飯店也成為遊客接觸甲仙文史的重要場域。

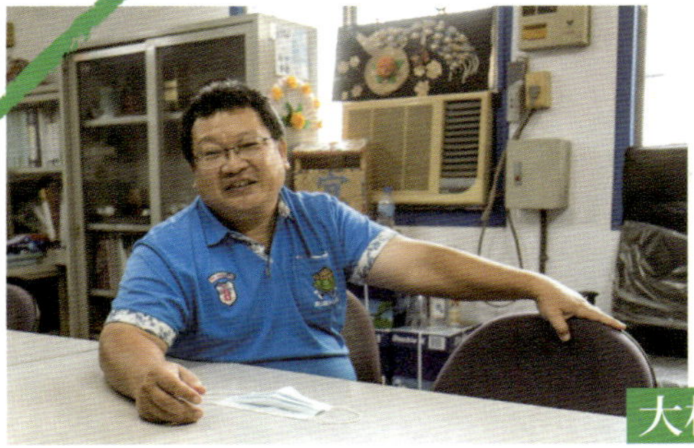

大林協會

點燃歷史記憶
開啟文化信念的復振之路

余嘉榮／文 · 盧昱瑞／攝影

在遙遠的清代，以總鋪師料理聞名的內門，是當時的衙門所在（舊稱羅漢內門），過了羅漢內門，等於就是越過了官方能保護你人身安全的界限，稱為羅漢外門區，包括蕃薯寮（旗山）、圓潭、溝坪、杉林等地。羅漢外門畫有番界，界線外就是高山原住民的狩獵區。這個區域清朝官方曾經派遣平埔族群築起隘勇線，防範原住民侵擾，現今的口隘、中隘、及尾隘（尾庄）這些地名都是在這樣的歷史脈絡中留下的痕跡。

左：記錄西拉雅族人重建步履的紀念牆。

下：宜錦茂在調查過程中發現，自己也是西拉雅族。這讓他燃起了對重建文化的熱情，並積極投入族群文化的復振工作。

一段被遺忘的族群文化歷史

舊稱尾隘（尾庄）的「大林」，曾經有大傑顛社駐守、有客家人與西拉雅族人遷徙定居，因此「大林」具有非常多元的族群特色。大林社區發展協會總幹事宜錦茂說：「以前讀書的時候，同學裡只有我一個人姓宜，爺爺跟父親都有去找資料，都不知道我們是從哪裡來的？後來遇到西拉雅族部落發展促進會的段洪坤老師，他帶我去戶政事務所找資料，從日據時代戶政資料發現我們的祖先是從溝坪來的，再去追溯、去查西拉雅族姓氏圖表，我們才知道我們這裡姓宜的是原來是西拉雅族新港社裡面很大的家族。」

過去旗山大林與內門溝坪之間有條古道，維繫著族群之間的文化連結。談起古道，宜錦茂說：「西拉雅族人以前信奉基督教的人比較多，在還沒有興建大林教會之前，我們這裡的人都還是走這條古道回去溝坪的永興教會聚會。聽老人家說這一段路途太遠了，很不方便，於是後來才創立大林教會。慢慢的這條古道也隨著大衛高爾夫球場的大規模開發而慢慢消失。」

從演員到社區文化復振的推動者

宜錦茂年輕的時候原本在旗尾糖廠工作。因為不想一輩子被綁在鄉下，於是北漂到臺北，進入華視投身電視劇和綜藝節目製作，也參與過武俠劇的拍攝。離開演藝圈後，他前往越南經商，結婚生子之後他內心始終無法忘懷故鄉的呼喚，尤其考量到當

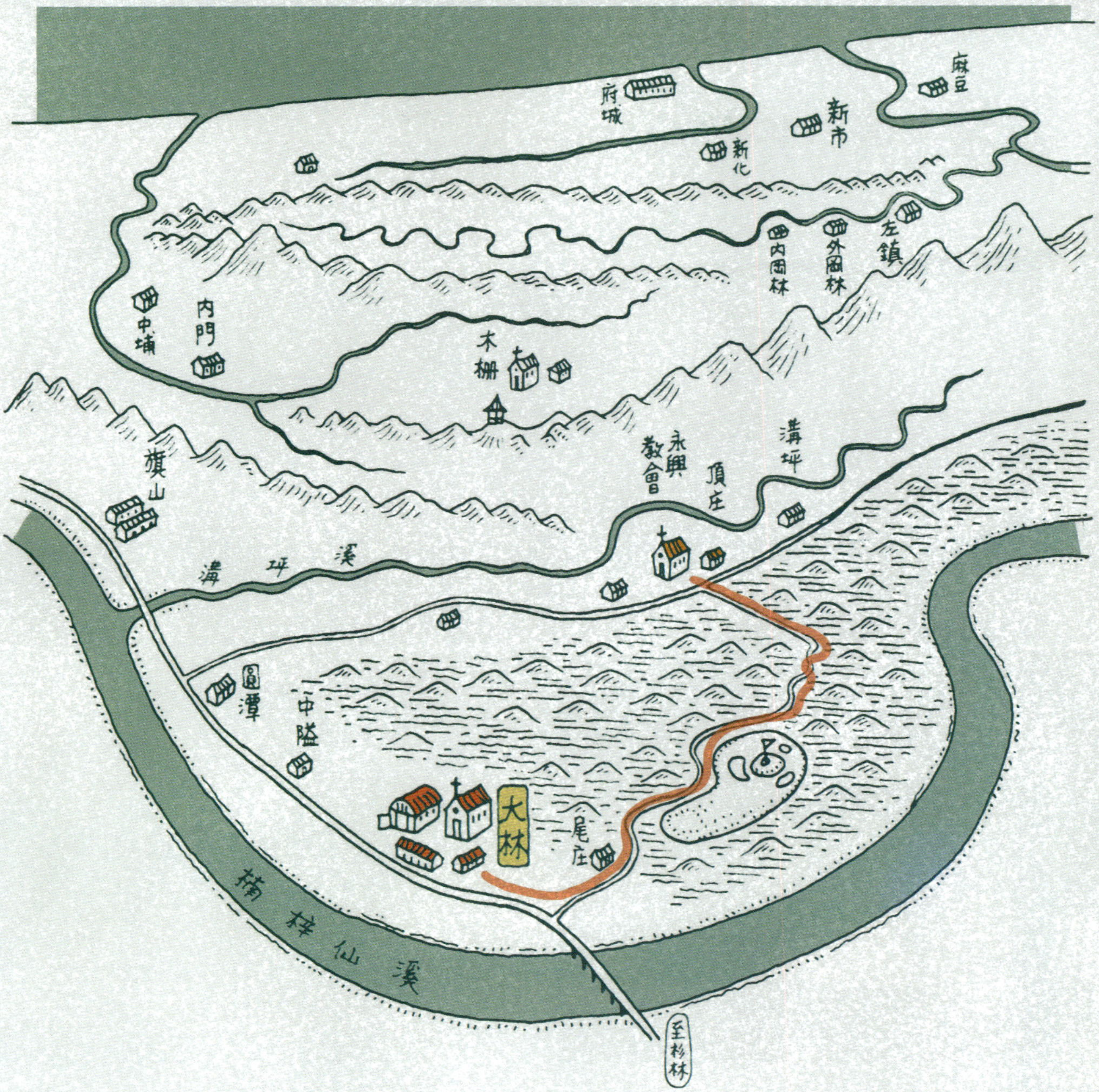

B 大林古道　大林—永興教會

高雄市西拉雅族大林聚落

MAI
買

左：族人們以木工手作自家姓氏特色信箱，是珍貴的集體文化記憶。

地的教育環境不理想，宜錦茂最終決定帶著家人返回故鄉。「以前人家會說我們是番仔，做調查之前約略知道自己是族人，我們這裡有許多特殊的姓氏，如『宜』、『買』、『姬』、『來』，調查發現祖先都是從溝坪、木柵、左鎮岡林搬過來的，幾乎都是西拉雅族的後代。」宜錦茂說道，平埔族群的歷史文化因著移民與漢化而逐漸淡化，祭典儀式也隨著時代的變遷而消失。宜錦茂在調查過程中發現，自己也是西拉雅族。這讓他燃起了對重建文化的熱情，並積極投入族群文化的復振工作。

西拉雅族歷史脈絡重建

點燃文化記憶之後，社區透過原民會平埔活力部落計畫，展開一系列更有系統的調查行動，四年來持續進行家系譜調查工作，辦理青少年文化工作營隊與焦點座談，培養青年認識平埔族群文化，建立完整族群資料庫；聚落也開始營造民族生活環境，透過民俗植物與狩獵文化田野調查，挖掘過去記憶，慢慢的把傳統文化種回來！過去族人擅長使用苧麻纖維來製作繩

索，這些傳統技藝早已消失，他們在廢校之後由社區認養的大林國小，重新種植苧麻，邀請耆老取纖、製繩把這些古老的技術找回來。有趣的是，在營造民族生活環境的做法上，宜錦茂邀請木工設計師引導族人一起討論、一起手作自家姓氏特色信箱，培養凝聚力和營造特色生活環境。

大林部落的故事是一段關於尋根、認同與重建的動人旅程。我們在這樣的過程中看到新的生命力，也意識到在全球化浪潮中，文化復振的重要性。宜錦茂說：「我們很希望平埔族群的文化可以更受到珍視與保護。未來大林也會跟其他族群進行更多的交流與合作，推動平埔族群的正名運動，讓我們的文化能夠在現代社會中得到應有的尊重與認同，並且在土地上重新生根發芽。」

上：大林國小在廢校之後由社區認養，聚落也開始營造民族生活環境。

農作體驗

豐收美好滋味——黃檸檬

大林社區發展協會除了積極推展民族文化復振事務，同時也透過深度旅行及產品研發、設計等模式，推廣社區產業與觀光。過去以甘蔗製糖以及香蕉等產業為主的大林一地，見證香蕉出口的黃金時代快速消逝，促使協會必須開拓農產的新型態。近年，大林在地出產的黃檸檬逐漸打開知名度：大林屬於楠梓仙溪水源保護區，位於上游，水質清澈、日夜溫差較大，這樣的自然條件所孕育的黃檸檬品質優良、皮薄汁多。大林社區發展協會與悠綠客農場協力開發黃檸檬蛋捲，亦與中山大學公共事務管理研究所團隊合作，協助當地居民純手作生產的檸檬洗碗精，產品外觀由學生與居民共同討論視覺設計，另亦有標籤與吉祥物等新品，從新型態的設計形象，深化大林社區產業的未來風光。

採集人的野帳
佛祖傳
地獄遊行
新港少女

島南東方的閱讀之窗
地方創生，慢讀台漫時光

徐葆權／文．李阿明、林鈺智／攝影

旗山過去是東高雄糖業鐵路的重要節點，現在則有客運轉運站，同時也是國道十號高速公路的東端起點，從以前便是東高雄九區的門戶。而位在旗山的山豬窩高雄山脈店，也儼然是在地認識臺灣漫畫、服務社區購書及二手書需求、推廣東高雄物產及文化故事的重要窗口。

左：山豬窩書店中的整座書牆，是漫畫讀者的樂園。

台漫之美的衍伸

最早的「山豬窩」設立於二〇一八年，不過並不是在高雄，而是立足在桃園市。當時在「窩長」山豬范立穎與「小窩長」小豬李淑萍的共同努力下，以臺灣漫畫為選書的主題，同時也積極與桃園在地的獨立書店、社區串連，共同推廣閱讀。

其實，「山豬窩」最早規劃的是漫畫出版社。據李淑萍說，當時在規畫出版社的方向時，由於臺灣已經有一些專門出版漫畫的出版社，她們原本還打算設定一些比較小眾的主題作為出版社的主要方向。但在設定客層時，對於臺灣漫畫的受眾卻覺得面目相當模糊——到底是誰在看臺灣漫畫？誰會看臺灣漫畫？李淑萍說，因為需要了解這些問題，她們覺得那就乾脆開個書店好了，既可以直接接觸臺灣漫畫的客群，也能去理解客群到底會喜歡什麼。「山豬窩」就此在桃園市的鐵支路旁誕生，後來因緣際會回來李淑萍的家鄉高雄，山豬窩高雄山脈店也在二〇二一年九月開幕。

書架上的台漫史學

延續桃園鐵支路店以臺灣漫畫為選書主題的精神，高雄山脈店的一樓也以台漫為主，並加入臺灣文學形成雙主軸。店內蒐羅了每個世代耳熟能詳的台漫作品，例如早期的《諸葛四郎》、《烏龍院》，或是後來較日漫風格的《摺紙戰士》，甚至民國七〇年代的彩色插畫，店內都有收藏。李淑萍說，山豬窩一直

下：店內蒐羅了每個世代耳熟能詳的台漫作品《烏龍院》及七〇年代插畫。
右：地方圖輿、繪畫、以及旗山在地相關書籍，是書店的壓箱寶。

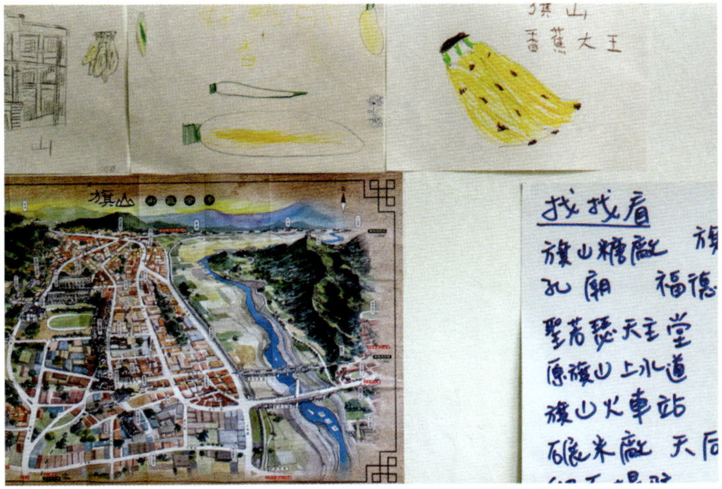
旗山
香蕉大王
找找看
旗山糖廠
孔廟
聖若瑟天主堂
原旗山上水道
旗山火車站

旗山鎮 學習手冊
高雄縣政府 編印
旗峰
曉翠

山豬窩
高雄山脈店
閱讀
台灣
漫畫

城市書展 2023
READING FESTIVAL
魔幻・達利
高雄地圖樣貌集
彩虹公寓
2014

想把臺灣的漫畫蒐集完整，目前還在繼續努力。但以我們看來，在山豬窩的書櫃中，已經隱隱約約地能演繹出一部微縮的臺灣漫畫史。

書店的二樓則是二手書、兒少書區域與閱讀空間。李淑萍說，最初山豬窩不打算深入二手書業務，因為跟原本設定的臺灣漫畫主軸沒有太大的關聯。但某天一位來店的讀者突然表示自己從屏東高樹來訪，讓李淑萍非常好奇為什麼會從這麼遠的地方來。該讀者繼續說道，「山豬窩」可能是這幾百公里之內唯一的二手書店。

雖然或許有些誇張，但這件事情也讓山豬窩發現，旗山跟鄰近區域確實需要二手書的服務，於是義不容辭的以實踐社會責任的心態投入。山豬窩的二手書於是從兩、三千本逐漸增加到四、五千本，類型也相當多元。而目前二手書業務也成為山豬窩銷售占七成的主力收入。

豐富的二手書與臺灣漫畫、臺灣文學等藏書，也讓山豬窩扮演起社區書店的角色。在地的孩子會時不時的來到山豬窩買書、看書，甚至也有很多住得較遍遠的青少年會特地搭車跑來山豬窩買書。李淑萍說，曾經有一位讀者從山區來，一邊抱怨說你們怎麼活動這麼多一直在店休，一邊「報復性消費」似的搜購一大堆書。由此可見山豬窩或許已經不止是旗山的一間書店，而是周邊區域相當重要的閱讀文化窗口。

右：在「窩長」山豬范立穎與「小窩長」小豬李淑萍的共同努力下，書店已經不單單是書店，更是文化 ICON。

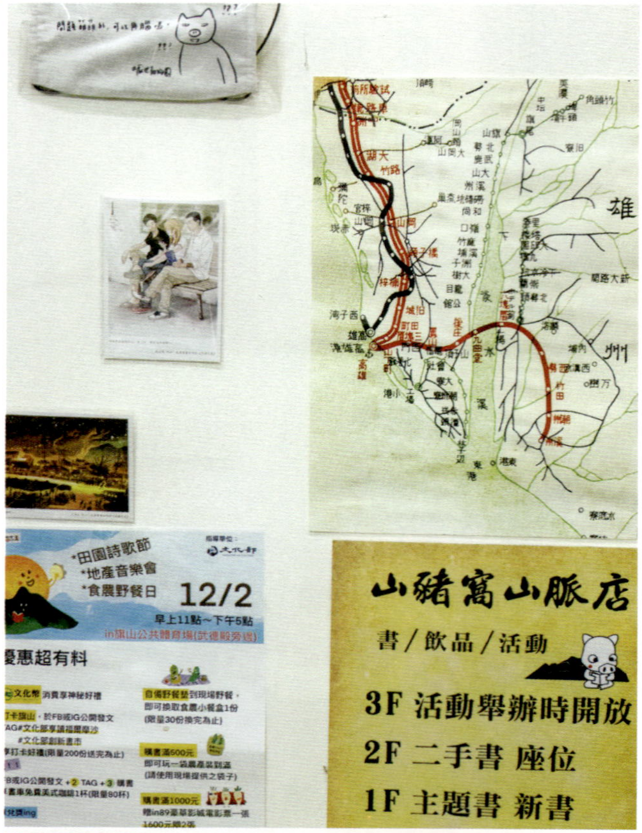

山豬窩除了書店本業外，也與鄰近學校合作，進入學校分享臺灣漫畫。此外，山豬窩更走出旗山參與高雄城市書展，甚至走出高雄，遠赴嘉義參加嘉義草草戲劇節、讀嘉文學市集等書市集，並廣泛與周邊地域的社造或地方創生單位合作，共同以講座、走讀等方式推廣東高雄文史故事及地方產物。例如二〇二二年的「上山下田走讀山高雄」便由山豬窩主辦，帶領讀者赴六龜、美濃、旗山溪州進行在地文化及食農體驗，同時也進軍國際書展辦理場外講座。

眺望島南的閱讀風景

過去，山豬窩的桃園店址距鐵路僅五十公尺。李淑萍說，當初在選位置時，發現可以直接看到火車通過，就愛上了那個地方，因為總覺得火車可以帶著自己去很多地方，是前往世界各地的一扇門。如今的高雄山脈店，從書店往巷口看過去，就是旗山轉運站。雖然可能沒有火車那麼快速，但現在的山豬窩好像也漸漸成為一座轉運站或一扇門窗，透過閱讀，帶領東高雄九區看見世界，也讓世界看見山高雄的美麗景色與歷史文化。

山豬窩除了書店本業外，也廣泛與周邊地域的社造或地方創生單位合作，共同以講座、走讀等方式推廣東高雄文史故事及地方產物。

情報資訊

山豬窩　高雄山脈店

東高雄九區，甚至屏東縣屏東市以北鄰近旗美地區的高樹、里港、九如、鹽埔等鄉鎮，非常缺乏在地書店，大多都是經營文具、參考書的書局，難以創造、匯聚在地的閱讀能量。位於旗山轉運站旁，客運四通八達的山豬窩高雄山脈店，也因此成為周邊區域相當重要的地方書店，補足地方的文化、閱讀需求，也成為文化交匯的重要場域。

地址　高雄市旗山區大德里至誠巷 25 弄 20 號

營業時間　週末至次週一，11:00 ～ 19:00（實際營業情況見 FB 粉專）

Google Map

文化符碼

臺灣漫畫

自 1987 年臺灣解嚴後，臺灣漫畫大量湧現，有許多人對臺灣漫畫的印象也停留在這個時代的許多傑作，如《烏龍院》、《雙響炮》等等。而 90 年代也有很多傑出的漫畫家，如林政德、鄭問、周顯宗等，甚至「逆輸出」到日本。隨著手機與聲光娛樂的快速興起，臺灣漫畫在 2000 年後逐漸式微，但在政府的補助與提升之下，台漫產業得以延續，漫畫家們也開始在作品中融入許多臺灣在地的元素，真正發展出臺灣漫畫的特色。

帶路導覽

山豬散步：旗山美濃小鎮漫遊

山豬窩除了與週邊單位合作，辦理走讀活動，帶領旅客走進東高雄九區體驗在地文化與特色農產、餐食外，也以原本就具備的出版專長，出版了《山豬散步：旗山美濃小鎮漫遊》繪本，介紹旗山、美濃具文化特色的重要景點與在地故事外，也期待透過繪本形式，邀請親子家庭從閱讀認識旗美地區，建立在地認同感。

探訪百年文化路徑

涉溪流走野地，捕撈往昔聲景

羅莎／文 · 盧昱瑞／攝影

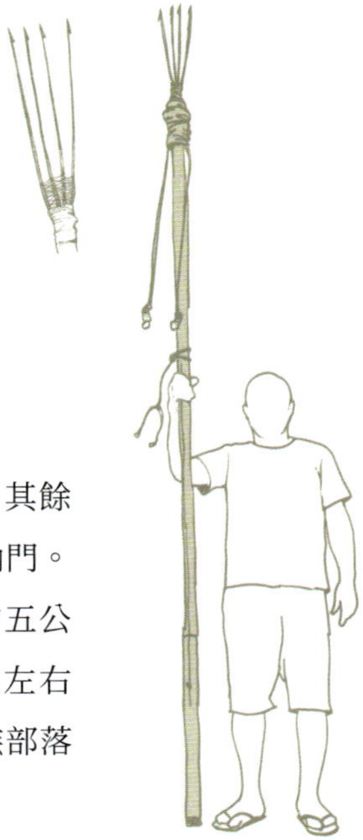

杉林，位於高雄市的東北部，西北邊與臺南南化相鄰以外，其餘由北而南順時針與甲仙、六龜、美濃、旗山相接，西邊則鄰內門。由旗山或美濃往北進入杉林，沿台 29 線行經杉林國中後約五公里，在司馬路一處 Y 字路口朝右前進，再經過一段二公里左右兩旁全是果樹、田園的蜿蜒小路後，便能來到一處大武壠族部落——金興社區。

左：橫跨枋寮溪的金興吊橋為紅色造型，於竣工的 21 年間，它見證了「瘋枋寮音樂會」的成功，和「湯姆生文化路徑」的重見天日。

上：坤哥楊永坤和人稱「鱷魚大仔」的潘清文於溪床上示範如何以黃藤的莖、鋼索、竹片、樹木枝條等物件製作俗稱「山豬吊」的山豬陷阱。

一次攝影比賽、一場音樂會，造就最瘋的枋寮

作為平埔族群聚落，竟有如此閩客的名稱，曾任金興社區發展協會理事的地方耆老楊永坤（坤哥）笑道：「這個名稱其實是一個美麗的錯誤，這裡的宗教活動包含大鼓陣、跳鼓陣、宋江陣⋯⋯，都以伍龍廟為據點，當時我哥哥擔任社區理事長，找到廟裡有一面銅鑼，上面寫『金興庄』，所以改名『金興社區』，沒想到後來中央研究院的學者說這裡四百多年來其實都叫『枋寮』。」

原來，杉林曾因木業興盛，工寮聚集形成聚落，而被以閩南語稱為「板寮」，即「木頭的工寮」，演變至今便成了「枋寮」。枋寮原先大約有八十六戶人家，但在二〇〇九年八八風災後，杉林國中旁建起永久屋聚落——大愛里，針對枋寮這類危險區域執行了預防性遷村後，便僅剩約二十戶守護原鄉。

二〇一一年，文化部開啟「莫拉克颱風災後永久屋基地文化種子培訓計畫」，協助居民以原鄉傳統文化整合跨域新元素，開創聚落新風貌，坤哥在面試後順利成為文化種子，而他最渴望讓人們認識「杉林」，不要再被誤會是「杉林溪」，並且能將「金興社區」一併推廣出去，不要讓四百多年歷史消失在這一代。

因應這樣的想法，坤哥接受當時就讀大學的兒女建議，於二〇一三年舉辦「金興社區第一屆《金星獎》攝影比賽」，並利用 Facebook 宣傳，最後收到三百多件投稿，後來在「透南風工作室」負責人余嘉榮的協助下，由五位評審評選出優秀作品。同時，他以文化種子的身分擬定計畫、申請經費，打算在

金興社區舉辦一場音樂會，
攝影比賽的頒獎典禮便同時舉行
——最後，「瘋枋寮音樂會」在金興吊橋
下的枋寮溪面上舉行，不僅舞臺搭建在溪面上，
就連觀眾都坐在河床上，「對彼工開始，金興社區就熗
起來矣。」

重見天日的百年歷史古道

除了透過音樂會進行部落內外的交流以外，坤哥還能帶領旅人進行一場歷史古今的交流，因為他還有一個特殊的身分，就是「古道帶路人」。

若沿金興吊橋下的枋寮溪河床繼續往上游走去，將能來到「杉林枋寮—六龜古道」的杉林端起點，這條百年古道長約七公里，也被稱為「湯姆生文化路徑（湯姆生古道）」，因為一八七一年英國攝影家約翰 · 湯姆生曾隨長老教會首位來臺宣教士馬雅各醫師來到南臺灣，並在此留下包含地景、文化、族群等珍貴的歷史照片。

在日治時期，以六龜舊名土壠灣命名的發電所竣工，加上後來通車的六龜隧道，曾作為往來臺南、六龜之間必經之地的古道逐漸荒廢，存於先民生活中的地點與記憶也漸趨荒蕪。坤哥回憶，小時候沿古道行走至六龜觀賞布袋戲，單程大約花費一小時多；如今若組團，包含導覽、拍照，單程則會花上五至六小時，通常在上午十點出發，下午三點半左右抵達六龜神農宮，而古道路徑中會介紹到的「販仔間（小型竹製建築，是當時周遭地區商人的物品交易所）」和「護埕仔嶺（高山原住民成年時出草，平埔族部落青壯年據守的制高點）」等，在在顯示出早期各族群的交融與抗衡。

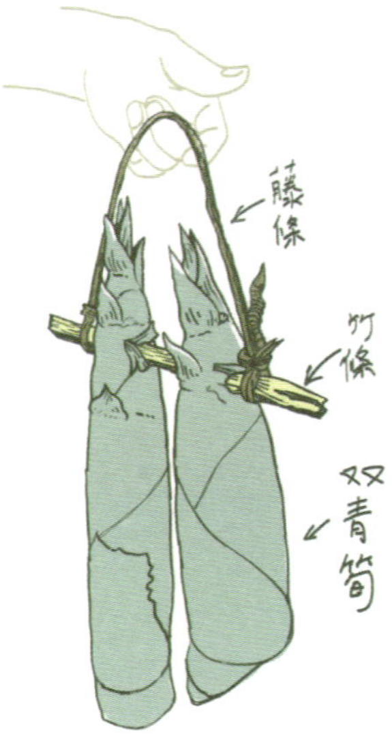

復育？放養？在地植物的興與衰

尋訪金興社區的過程中，坤哥對各種植物如數家珍，只見他指著路邊細條狀的花，「那是猴竹花，製作竹掃把的原物料。」路邊一片低矮且不起眼的綠色植物也有效用，「這是腰子草，顧腰子的。」而最令人驚訝的莫過於「烏面馬」了，又稱「白花藤」的烏面馬長著一朵朵小白花，「摘七片葉子，用麻油煎蛋，不用加鹽，顧子宮用的。」坤哥說，「我女兒結婚三年後吃了兩次，生了三胎。」

身兼植物、草藥達人的他，早期為了復育旱稻，甚至前往位於臺中的國家作物種原中心找來旱稻種子，此外，還復育苧麻、油芒，積極發展社區農業；現在，約千甲的山頭大多是香蕉、芭樂、龍眼、荔枝等水果，「這裡九成以上的芭蕉樹都是我種的。」然而，這麼大一片地該怎麼顧？坤哥笑答只能放養，沒辦法顧。或許，在山林、溪澗之畔，將一切回歸於天地、自然，就是對萬物最好的照看。

左上：「山豬吊」的靈魂：黃藤的莖與鋼索。
左中、下：「猴竹花掃把」原物料為猴竹花。

已熟識幾十年的坤哥和鱸鰻大仔合影於社區共同彩繪的壁畫牆面前。

在地住宿——世外居（PLtEV）

情報資訊

杉林枋寮有一處三合院，為社區老理事長夫婦於 1970、80 年代即建成的老家，後來，遠嫁德國的女兒捨不得上一輩凋零，老房子便隨之荒廢，特地從德國回臺整修，提供遊人來到杉林、甲仙、美濃等地，有更多元的住宿選擇。

地址　高雄市杉林區集來里通仙巷 55 號

訂房　http://airbnb.com/h/pltev/

Google Map

在地植物——猴竹花

農作體驗

猴竹花即為棕葉蘆，又稱掃地草，為一年一期傳統植物，於三月左右開花。採收時單採集花的部分，經過充分曝曬後，搓揉使花穗與莖分離，接著進行反覆的綑綁，最後割除過長的把柄並修齊掃帚，便能製成「猴竹花掃把」。

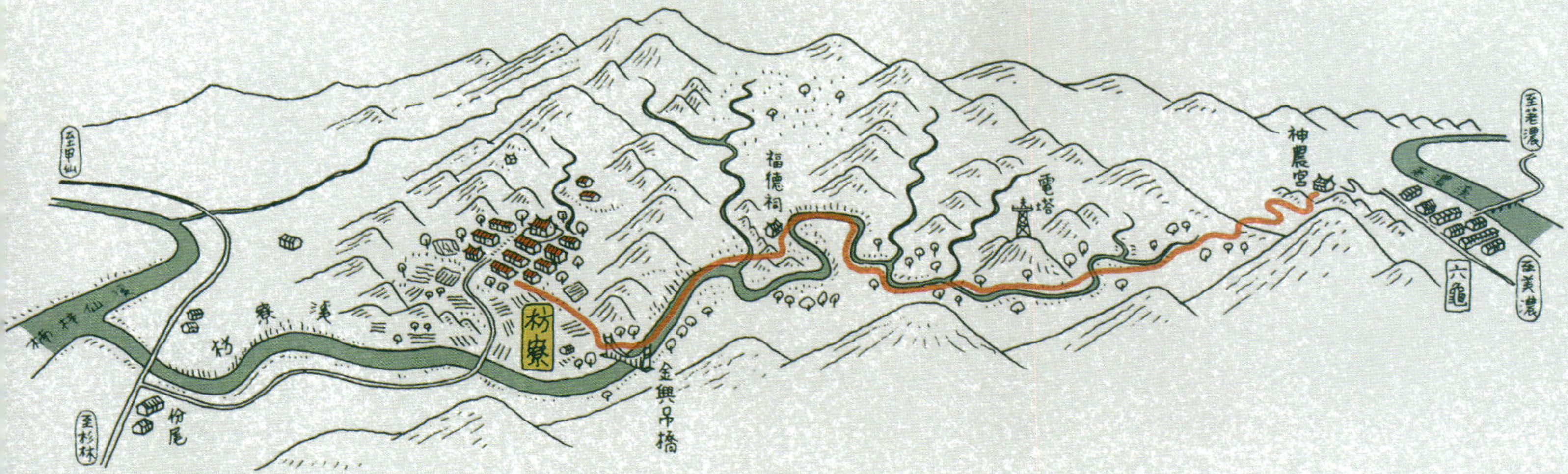

帶路導覽

一八七一年湯姆生古道 D 路線

湯姆生文化路徑

湯姆生文化路徑之所以能重見天日，源於 2001 年於甲仙開設「普門書店」的老闆游永福在發表《花邊剪刀》詩集後，開啟了研究甲仙文史之路，意外發現約翰．湯姆生（John Thomson）曾來到臺灣、造訪甲仙，他便憑湯姆生當年拍下的 59 張照片，在後來的 18 年間按圖索驥，在古道間尋找百年前約翰．湯姆生（John Thomson）的足跡。

據說，湯姆生在日記裡提及，當他走出古道，來到枋寮時，村民為他煮了水煮蛋，他覺得非常美味——或許他品嘗在嘴裡的不只蛋香，還有濃濃的人情味吧！

讓閱讀在山城長成一片林
杉林有機書店

謝沛瑩／文．謝孟洋／攝影

這個「書店」非常特別。他們只交換書、或者用銅板價推廣二手書，用最平易近人的方式拉近人與書的距離。他們藏身於尋常店家的書櫃，讓閱讀與社區的人、在地的產業共同成長。他們像一幅拼圖散落在杉林區的各個角落，讓訪客到處踩點的同時，也對這個地方有了認識與親近。

有機書店的創辦理念，是以交換書來推廣閱讀，並與社區營造、地方特色結合來活化偏鄉能量。一個小鎮通常僅選定單一店點，但概念創辦人盧文鈞在探查候選空間時，覺得四個據點各有特色，且剛好位於杉林區的四個村落，只要都走訪過，就等於大略把杉林玩過一圈；高雄第一間有機書店就這麼成為全臺灣第一間有分館的有機書店。最初成立的四個主要分館各收藏小說散文、勵志傳記、親子童書、藝術設計主題書，尚加入行列的公明宮、鴨拓草、日光照相館也跟進發展中；二〇二四年底再增「無牆美術館」的空間串連概念，讓文藝氣息在山城中瀰漫。

www.facebook.com/shanlinbookstore

陽光杉林茶樹莊園
——小說散文館

Google Map

老闆李孝生、谷瑞婷夫婦為圓一個田園賦閒夢而搬到杉林，重新整修了這間老菸樓。在新冠疫情期間發現澳洲茶樹適合在地風土、好種少蟲害、製作成精油與純露更有助清潔衛生，遂開始發展精油產業，更在一次市集出攤中，牽起杉林與有機書店的緣分。

地址　高雄市杉林區司馬路 73 巷 8-1 號
開放　時間不固定，建議以臉書事先預約
社群　www.facebook.com/100087107830854

有間來聊客家咖啡庭園——勵志傳記館

Google Map

穿越庭園造景，一踏入室內空間便可看見大量收藏的老物、老玩具，繽紛而目不暇給。媽媽醃製的客家酸菜鍋酸香清爽，客味十足。正如店名「有閒來聊」，老闆邱錦盛希望這裡能成為鄉親有空就來吃飯聊天、外地人開始更認識杉林的所在。

地址　高雄市杉林區月美里桐竹路 239 號
開放　週六、日，11:00 ～ 22:00
社群　www.facebook.com/BanChanWu

杉林葫蘆藝術——藝術設計館

Google Map

葫蘆是農村常見的植物，杉林在地也有種植。葫蘆雕刻藝術家何明賢從 1990 年代開始推廣，已成為當地的特色風景。在葫蘆藝術館不僅可以看到各種型式的葫蘆創作，還可以認識世界各地不同品種的葫蘆，豐富的收藏令人大開眼界。

地址　高雄市杉林區上平里大坑 1 號
開放　每日 08:00 ～ 17:00
社群　www.facebook.com/jacken7965

鴨拓草空間——無牆美術館

Google Map

或許因為是以綠建築概念建造，二樓木造、擁有開放戶外草坪的鴨拓草，藏身在傳統客庄夥房聚落中，卻意外地和諧自然。性格浪漫的屋主邱俊英，將空間的每個角落染上濃濃客家生活藝術風格，加入杉林有機書店後，也將開放成為杉林無牆美術館的一部分。

地址　高雄市杉林區月眉里清水路公明巷 17-3 號

小森時光咖啡廳——親子童書館

Google Map

緣起於地方振興的職訓需求，意識到無論是想販售在地農產加工或烘焙成品、或長遠的社區營造，都需要品牌化才好經營推廣，因此慢慢發展成現在的樣貌。除了提供餐食，也會舉辦手作烘焙 DIY、田間體驗、湯姆生古道遊程等多元活動。

地址　高雄市杉林區月眉里合心路 146 巷 2 號
開放　週五至週日，11:00 ～ 17:00
社群　www.facebook.com/antiquitybread

公明宮——宗教書籍分館

Google Map

杉林公明宮傳承了臺灣特別的「鸞堂」信仰文化，主祀天上聖母。會議室的半開放空間與社區活動相繫，正好讓附近居民、信眾坐下來看書休息，而作為有機書店據點，最適合的主題當然就是宗教文化了。雖然位處媽祖廟，但選書兼容並蓄，從鸞章選集到新約聖經都能找到。

地址　高雄市杉林區月眉里清水路公明巷 24 號

杉林日光照相館——老照片展覽空間

Google Map

這裡紀錄了杉林超過半世紀的人文印記，沒有招牌但杉林人都知道這裡是「日光照相館」，杉林與美濃人的喜樂、離合都在這裡留下珍貴的影像紀錄。創立人張仁葵先生身後留下許多攝影及暗房器材，還有為數不少的老照片，2014 年曾在杉林圖書館展出。在停業多年後，2024 年將再次打開大門，不僅成為杉林有機書店據點，也同是杉林無牆美術館的展區，期望能跨越時空紀錄、延續更多杉林與美濃的故事。

地址　高雄市杉林區上平里山仙路 66 號

日光照相館巷口的手繪藝術牆。

陽光杉林

有心種茶樹成林
陽光杉林飄茶香

謝沛瑩／文．鍾舜文／攝影

穿過香蕉田間的產業道路，彎進緩降坡，先看到磚紅色的菸樓，被遠景滿山的綠襯得活潑明亮。澳洲茶樹帶黃的嫩綠閃著溫潤的光澤，山林的陽光同時灑映在天空與樹葉上，突然意識到這座莊園取名叫「陽光杉林」的理由。

李孝生邊沖普洱邊介紹，老菸樓是杉林、美濃菸業末期，約民國五十幾年的建築，形式較不嚴謹，不如早期可以一眼看出大阪式、廣島式之分。為了住進這棟閒置四十多年、半荒廢的老屋，他跟太太谷瑞婷用一整年從泥作開始整理，保留原有的結構，填充新生活的點點滴滴。

左：這裡的茶樹在適合的土質、氣候與陽光，以及莊園主人放任的照顧下，恣意長成一大棵樹、一整片林。

田園夢並不簡單

原居鳳山的李孝生，職軍退役後為圓一個賦閒農耕夢，溯著楠梓仙溪的流向，經過旗山、美濃，最後找到杉林這個「來之前甚至根本沒聽過」的陌生土地，轉眼之間也過了十一年，「我跟你們講，小時候有種田的人，就沒有田園夢了啦！就是因為小時候沒吃過這個苦，老了時候就老來苦（笑）。」

開心農場固然開心，但並非一開始就能收穫成果。比起經濟價值，更在意作物特不特別的浪漫情懷，讓李孝生陸續嘗試仙草、沉香、養蜂，但都僅維持兩三年便不了了之。當新冠疫情衝擊全臺，自覺酒精、消毒水用太多的他，開始思考有沒有農產品能輔助清潔抗菌，成為接觸澳洲茶樹的契機，「結果一不小心種太多了，六分地種了一千多棵。」

澳洲茶樹主要利用部位為葉片，可萃取天然抑菌、驅蟲效果的芳香精油。形如松柏的枝條探過矮籬，李孝生隨手折下一段分給我們；搓揉帶有一點蠟質觸感的針形葉片，銳利清爽的草本香氣立刻充盈鼻腔，喚起日常灑掃的身體記憶。

與天合作的永續農作

李孝生說，澳洲茶樹是「懶人植物」，喜歡排水良好的土壤，耐旱、耐寒性都很強，因此種植極為容易，只需要除雜草，不需用藥，也不用擔心病蟲害，「我澆了半年的水，之後就靠天養」。若從小苗開始種植，第二年就可以開始利用；澳洲人會

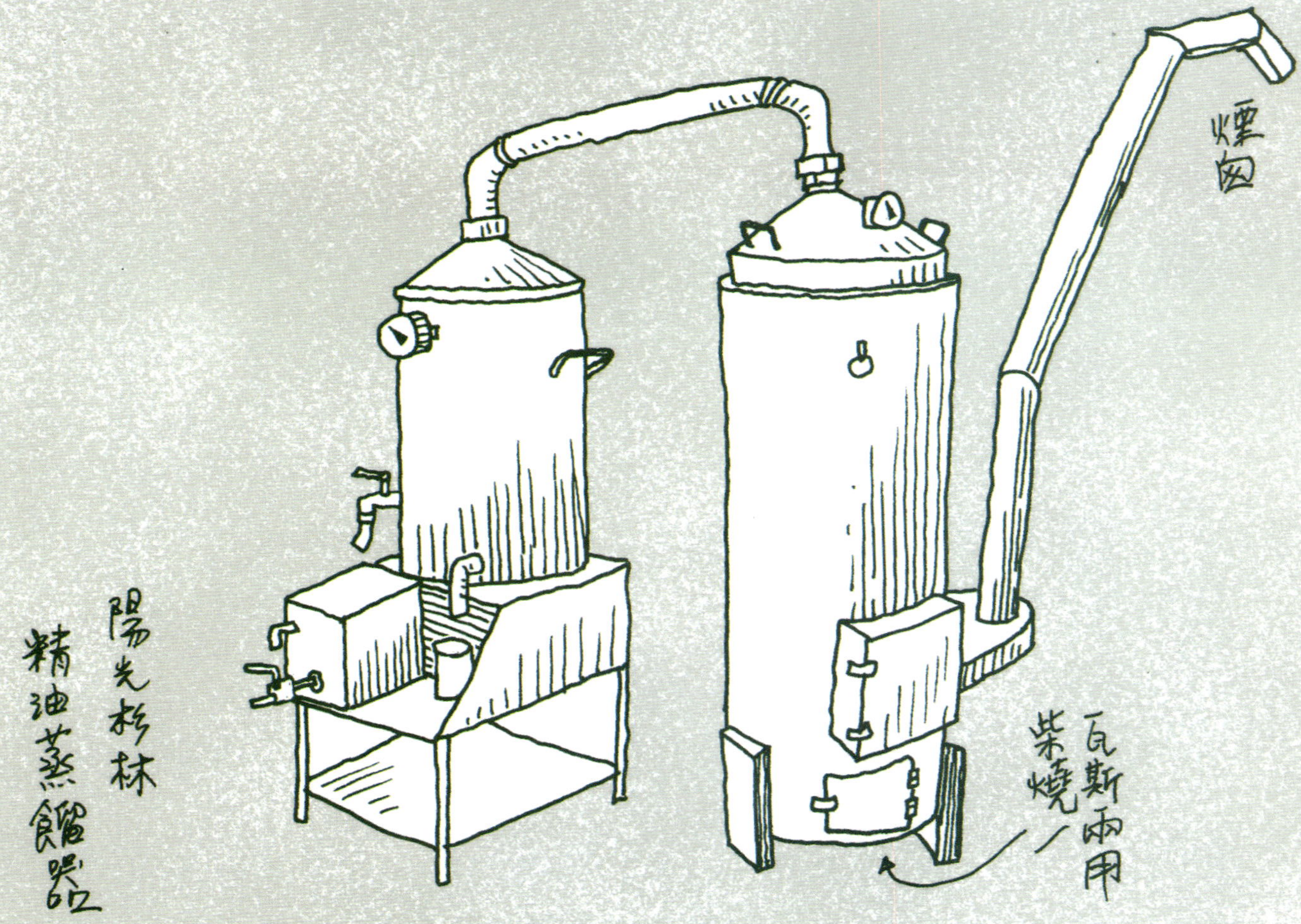
陽光杉林
精油蒸餾器
煙囪
瓦斯兩用
柴燒

在茶樹還沒木質化、還是小灌木時就採收，但這裡的茶樹在適合的土質、氣候與陽光，以及莊園主人放任的照顧下，恣意長成一大棵樹、一整片林。

早期杉林居民普遍養豬，菸樓旁原本也設置豬寮，改建後成為生產精油的工作區。蒸餾器是臺灣設計製造，可以瓦斯點火、也能用柴燒，就地取材的雜木、龍眼木，就是環保節能的燃料來源（但茶樹枝幹因富含油脂，不易控制火候，故不適合運用）；為了節約水資源，也加裝水冷機跟冷凝水收集器。製作一批精油需要兩天，先砍下茶樹枝幹、留下葉子，隔日開始蒸餾。一次四小時的流程，可以處理四十五至五十公斤原料，產出約八百毫升（市售包裝約二十罐）精油、四十公升純露。

「賣完再做就好了，原料就在我旁邊，不用囤貨。」一月砍斷的枝幹，五月採訪時已經冒出新芽；「我覺得，這樣子應該可以永續利用。」

左：磚紅色的菸樓是杉林、美濃菸業末期，約民國五十幾年的建築，形式較不嚴謹。

左：菸樓旁原本也設置豬寮，改建後成為生產精油的工作區。
右：有機書店在陽光杉林的據點是一面書牆。

舒展枝葉以發展可能

試做了半年左右，品質漸趨穩定，終於在二〇二三年正式跨出販售的那一步。「我其實有一點內向啦，所以才會想要來山上住，過去十年種田都是種身體健康的。」笑說自己離群索居，但規劃商品化時，早已把行銷第二家鄉的心願放在品牌識別中。

因為農事繁忙，沒辦法時時駐守莊園，因此採取預約開放制，以網路與市集為品牌主要銷售通路，並且積極參與社區、學校的活動推廣。除外也規劃套裝遊程，提供澳洲茶樹簡介與園區導覽、蒸餾流程體驗、以及茶樹精油清潔用品的手作活動。參與活動除了能與更多在地品牌交流，更催生了杉林區的有機書店計劃。一次萬巒市集行，認識有機書店創辦人盧文鈞，及其「不賣書，以交換書籍推廣閱讀、結合地方特色活化偏鄉」的構思，「覺得理念很好，也把鄉村行銷得很不錯，就想跟他們請益來行銷杉林。」因為地方商家意願踴躍，杉林成為全臺第一家由四間分館組成的有機書店，目前也還在洽談新的合作地點。

有機書店在陽光杉林的據點是一面書牆，大展枝葉的樹上，長出書的果實。當年憑著一股傻勁、因緣際會下來到杉林種下的苗，想必今後也會生生不息地蓬勃發展吧。

情報資訊

陽光杉林莊園

位於台 29 線旁，對照地圖才能找到的秘密莊園，整片澳洲茶樹林看了心曠神怡。老闆李孝生、谷瑞婷夫婦為圓田園賦閒夢搬到杉林，將閒置四十年的老菸樓翻新居住。在新冠疫情期間發現澳洲茶樹適合在地風土、好種少蟲害、製品有抗菌效果，遂開始種植並發展精油產業。

地址　高雄市杉林區新庄里司馬路 73 巷 8-1 號

營業時間　開放時間不固定，建議以電話或臉書事先預約

Google Map

農作體驗

澳洲茶樹體驗

目前莊園專注製作澳洲茶樹精油、純露，有不同容量可供選擇。可以將產品一網打盡、並附有攜帶型純露噴霧器的套組十分受歡迎。莊園也提供套裝遊程，包括澳洲茶樹簡介與園區導覽、蒸餾流程體驗、以及茶樹精油清潔用品的手作活動，最低五人即可成團。

書店散步

杉林有機書店—散文小說主題館

不賣書、以交換書籍推廣閱讀，同時結合地方特色店家，是有機書店的理念，而全臺灣的有機書店中，目前只有杉林以多分館型式存在。陽光杉林以小說散文為主，老闆也把自家的老唱片、舊影碟悉數搬來，增加了館藏的故事氛圍。

小森時光
杉林有樹書店
高雄市政府社會局
高雄市杉林區月眉永久屋
基地耆老中心暨社區教室
委託管理運用計畫公益回饋基金補助
佃講客
高雄市築夢新故鄉文化產業發展協會
小森時光
Little forest cafe
我們不賣書
用交換的方式
推廣閱讀
推

小森時光

守望在地的小小大樹

時光焙煉的杉林夢

徐葆權／文．余嘉榮／攝影

莫拉克颱風在二〇〇九年八月侵襲臺灣，東高雄各區受創嚴重。為了安置災民，公私單位聯手在杉林的月眉農場進行造鎮計畫興建一千多戶的永久屋，並命名為大愛園區。在「住」的需求之外，政府單位也投入大量資源，訓練災民的專業技能，協助災民自立——然而，政府的資源投入與扶助，並不是無窮無盡。杉林人除了想方設法重整家土，更需培栽未來的夢想。

左：寄託了許多理想的「小森時光」。

打造新故鄉的圖景

「小森時光」的郭建德，當初入八八風災災後重建工作，從北部來到杉林大愛園區。然而在參與中，他逐漸發覺，雖然有政府資源投入大愛園區，但若政府一抽手，一切就立刻歸於平淡，無法延續。於是，即使當時心裡都還不清楚要做什麼，郭建德還是與當地志同道合的伙伴們共同成立了「高雄市築夢新故鄉文化產業發展協會」，以杉林大愛園區這個「新故鄉」為出發點，希望能發展在地產業，推廣杉林並創造就業機會。

協會的運作需要空間，剛好大愛園區內由高雄市政府管理的公共空間開放民間單位投標管理運用，協會標下原本 B 區的耆老中心，開始申請職訓局的職訓方案，在大愛園區推動烘焙相關的職業訓練課程，輔導居民考取烘焙證照。除了在地居民外，甚至還有遠從屏東、臺南等地前來上課的民眾。執行了二、三年後，郭建德認為僅僅提供課程並非長久之計，於是興起創業的念頭，開創了「小森時光」的品牌，花了十幾年慢慢的把空間從烘焙教室、烘焙工作室逐漸打造成目前店面的模樣。

從疫情風暴重新站穩腳步

小森時光與在地小農合作，採用在地的農產品打造成各式各樣的甜點及特色餐點，例如東高雄盛產的紅肉李、紅龍果、芋頭、

檸檬、芒果、甚至美濃的野蓮等等。在店面販售郭建德與太太傅雅祺親手製作的甜點、餐點外，小森時光也化身成在地農業品與外界民眾交流的窗口，除了研發產品與推動在地小農農產品的生產販售外，更透過客製設計的深度遊程，帶領民眾實際接觸在地農業，並搭配 DIY 的體驗課程。

郭建德表示，例如芒果當季時，他們和在地小農協調，帶領客人實地造訪果園，了解農業知識外，也在現場體驗採收，回到小森時光用餐後 DIY 製作果醬。如此既能促進在地農產的銷售，也讓來訪的民眾能學到這些農產在鮮食之外的多元運用，廣受好評，更開始有相當穩定的客群。

新冠疫情的衝擊，幾乎讓小森時光過去的努力一夕歸零。面對無法內用的衝擊，小森時光設計了在地特色餐盒因應；然而遊程在疫情期間沒有辦法吃到國民旅遊的大餅，疫情解禁後，因為民眾大量出國旅遊而面臨缺客困境，只能重新回到培養客源的階段。幸好，由於過去建立的口碑，許多曾

上：「小森時光」除了烘焙外也以在地食材製作漬物等加工品。

高雄畫刊
夢想
大師名作繪本
PARENTS GUIDE

經合作過的單位若有活動需求，都會回頭詢問小森時光是否願意再次承接。郭建德也開始向外與企業接觸，向企業提供員工旅遊的合作方案，並搭上目前受到企業重視的 ESG 議題，將遊程結合生態保育之外，也透過採用在地食材地產地消減少碳足跡等方式協助企業減碳。

郭建德也說道，連每一項食材是跟哪個農民採購、採購的金額，小森時光都可以完全公開透明的提供給企業，證明沒有剝削農民外，也可以讓企業寫在年度 ESG 報告書裡呈現。接下來，小森時光甚而打算從事林農與相關業者合作、發展林下經濟，也計畫邀請企業進場認養林地。林下經濟的作物將由企業合理收購，森林產生的碳權則由企業取得，既讓林下經濟產業能夠永續經營，也能滿足企業在 ESG 方面的需求。

茁壯拔高的杉林之夢

積極往外接觸之外，小森時光也持續和在地青年、居民攜手共進。郭建德在二〇二四年申請到國家發展委員會的地方創生青年培力站計畫，希望成為一個培育在地青年的平臺，除了開設課程培力技術知識外，也讓外界與在地的資源能夠順利對接，開創在地青年的視野與出路。

此外，小森時光也是杉林「有機書

店」的合作據點之一。由於郭建德覺得大愛園區缺乏給小孩子的空間，便將有機書店的主題設為「親子」，希望從小森時光開始，先讓在地的小孩有一個空間可以自由進出、閱讀書籍，未來慢慢透過開設各種課程，培養孩子對在地的認同感，期待孩子們既使長大出外歷練，也能不忘回來杉林貢獻心力。

離開小森時光前，郭建德向我們介紹他當年標得空間後、在門前手植的一棵樹，如今大樹已經長得比房子還高。也許郭建德與小森時光在杉林這裡的努力不會立見，但是，時光流過，也會像這棵樹一樣長高茁壯、開枝散葉吧！

地方書店

小森時光咖啡

「小森時光」目前是「杉林有機書店」的其中一個分館據點，選書以親子、兒童為主題，期待能以閱讀為在地的孩子創造一個家與學校之外的第三空間，並且規畫以孩子們為主體，辦理在地相關的知識及體驗課程，培養在地認同感，期許孩子們即使長大後出外歷練也能夠不忘杉林，回鄉貢獻心力。

地址　高雄市杉林區月眉里合心路 146 巷 2 號

營業時間　週五至週日，11:00 ～ 17:00 （事先預約）

Google Map

農作體驗

遊程設計

約 150 多年前，蘇格蘭攝影師約翰．湯姆生在馬雅各的邀請下，來到內門、杉林、六龜一帶，留下珍貴的史料照片與文字記述。郭建德借重各界學者專家的專業研究與意見，將湯姆生這段旅程中，從杉林到六龜的部分規劃為包括地方文史、生態旅遊、動植物觀察紀錄與復育的文化路徑體驗路線。除了直接接觸、觀察山林溪谷的動植物生態外，遊客也能在遊程中透過湯姆生留下的紀錄了解過去與現在的生態差異。郭建德更開發採用在地小農食材的無包材健行便當，進一步強化遊程的永續低碳意義。這條路線將來也是郭建德發展環境教育、企業低碳旅遊、甚至地方永續綠色旅遊產業鏈的重要基礎。

有機書店

有閒，來聊客家舊日長

品嘗鮮美生機手藝

謝沛瑩／文 · 李阿明／攝影

從美濃向北穿越月光山隧道，以輕鬆的方式，走過先民翻山越嶺往杉林開墾的路之後，便接近了有閒來聊客家咖啡庭園。

杉林區古名楠梓仙，前身為高雄縣杉林鄉，與甲仙、六龜、美濃、旗山等區相接，「但很多人都把這裡誤認為南投杉林溪。」老闆邱錦盛說，早期在外地提到杉林，對方總一頭霧水，「為了省麻煩，只好說自己是甲仙、六龜、美濃、或旗山人，實在是杉林子弟一大痛處。」

左：二〇一〇年甲仙地震，損毀客家伙房部分結構與後院屋舍，卻因此空出了讓家人的夢回老家萌芽的空間，庭園餐廳背靠著堅實的家族歷史，逐漸茁壯。

左：百年歷史的老厝堂號古雅莊重。

與老伙房緊密相連

有一說是，月美社區一帶的客家人多半從美濃來。家族在杉林的根紮得深而實，餐廳後門通往邱家伙房左側，一堂二橫隔局、一九一四年建成的老厝，抬頭可見小篆體堂號「忠實第」三字，顯得古雅莊重。看著一樣有百年歷史的老神桌，「總可以懷想早期的韻味，那種人與人緊密相連，婚喪喜慶時出借桌椅、人力的溫馨互助。」

這個家系似乎共享大廚基因，堂哥是連鎖餐飲「美濃客家菜」的老闆，同輩中也有不少大廚。邱錦盛的弟弟原本在旗山老街開餐館，將店面以老家聚落古名「板產屋」命名；二〇一〇年甲仙地震，損毀伙房部分結構與後院屋舍，卻因此空出了讓家人的夢回老家萌芽的空間，庭園餐廳背靠著堅實的家族歷史，逐漸茁壯。

因為母親一句「賺多賺少不重要，回來陪我們就好」而返鄉的邱錦盛，在接手經營後，二〇一六年更名為客家人常見的招呼語「有閒來聊」，弟弟的原品牌則專做預訂辦桌菜。

在地食材與客家手藝

「我們這邊的農產有南瓜、絲瓜、苦瓜、木瓜。怎麼都是瓜（笑）。」餐廳供應簡餐、小火鍋，當中豐富的蔬菜，都是來自在地生產的好味道。若選擇客家傳統酸高麗菜湯底，還可以嚐到媽媽的好手藝。媽媽解釋高麗菜的作法：採收、處理菜葉

塩
黑松
日立
ポンプ

有閒來聊

黑松
有機書店

後，在陽光下曝曬一天，再以重物壓製一天，裝進罐子內之後，至少要存放半年才會變好吃。

媽媽說其實原本也有福菜（醃芥菜）版本的小火鍋，但顧客迴響比較差。「菜脯、芭樂、竹筍、蘿蔔、波羅蜜，我就什麼都醃一下啊。」客家婦女普遍熱愛醃菜，我們在角落發現一罐上面寫著「民國九十六年」的老菜脯，現在應該價值不斐。

上：「有閒來聊」最吸引訪客目光的就是滿室老東西。

「小廢物」收集趣愈陳愈香

母親喜歡醃菜，兒子則沉迷於舊物沉澱的時光。「有閒來聊」最吸引訪客目光的就是滿室老東西；各種繽紛的招牌、瓶罐、公仔令人目不暇給，愛好柑仔店懷舊風格的人會為之瘋狂，「小廢物」（泛指可愛但不見得實用的小東西）收藏家則要立正敬禮。

趁兒子去收拾碗盤，媽媽湊前告狀，「以前我們有豬舍，不養豬之後，兒子的舊東西就默默進駐。餐廳蓋好，他就開始把東西拿過來擺，薪水都變成這些了啦。」

老家的五斗櫃是收集的起點。除了跳蚤市場，同好之間會口耳相傳，這裡要拆房子可以有舊物拿、那邊的回收場剛進一批寶藏；一塊高雄客運改制時換下的公車站牌，就讓邱錦盛在回收場一見鍾情，馬上喜孜孜買回家。

「一想到老東西被銷毀之後就真的再也不會有了，就覺得應該要收藏起來。」邱錦盛說，見到客人指著收藏，嚷著「怎麼還能看到我們那年代的東西」，喜悅溢於言表，就覺得做這件事情很有價值。「而愛物惜物，就是要把它的價值發揮到淋漓盡致。」

不能用沒關係，還有陳列欣賞的美感效益，可以，這很客家。

有閒，就進杉林走走

有閒來聊是杉林有機書店的「勵志傳記類」分館，「就是當你有挫折、失敗的時候，看看這些書，就會知道有人比你還糟糕（笑）。」

雖然選書是機緣湊巧，但這個庭園或許正是一本有韻味的勵志小書。鄉親從擔心開在巷內的餐廳經營不善，到主動介紹人家來訪；地方單位辦活動，再也不怕沒地方聚餐、討論；農會或附近青農辦遊程時，會把庭園當作休息點，「田間現採的南瓜

右：邱錦盛說：「愛物惜物，就是要把它的價值發揮到淋漓盡致。」

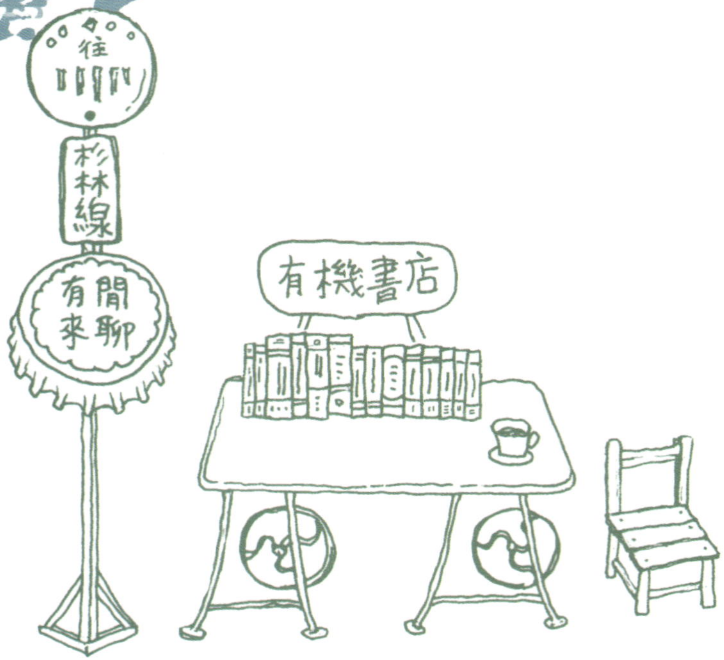

拿過來，就直接煮成南瓜米粉。」而杉林國小的學生也來參訪，看水耕、魚菜共生，聽那些對小朋友來說彷彿久遠童話的老物故事。

「杉林較少可以讓人聚餐、歇腳的簡餐咖啡廳，希望自己可以作為一個推廣杉林的媒介，有人來遊憩、吃飯，我就可以順便介紹在地的農特產品、好玩的地方。」只要有閒，就坐下來聊，再帶著滿腹美食與故事，跋入林中日常。

左：花園側入口。
右：店旁種植波蘿蜜。

有閒來聊客家咖啡庭園

情報資訊

依傍百年客家老伙房建起的庭園餐廳，供應小火鍋、簡餐、咖啡茶飲，室內擺設大量老闆收藏的老物、老玩具，散發濃濃懷舊柑仔店風格。正如店名「有閒來聊」，老闆邱錦盛希望這裡能成為鄉親有空就來吃飯聊天、外地人開始更認識杉林的所在。

地址　高雄市杉林區月美里桐竹路 239 號（樂善堂旁）

營業時間　星期六、日，11:00 ～ 22:00

Google Map

客家媽媽手藝美食

農作體驗

杉林農產豐富，供應餐食也多數使用在地、當季食材。客家養生酸菜鍋滿載老闆媽媽的手藝醃高麗菜，酸香清爽。除此之外，客家婦女興趣使然的各式醃製物，或者庭園自產自銷的甜滋滋波蘿蜜，都非常適合嘗鮮。

杉林有機書店—勵志傳記主題館

書店散步

有閒來聊屬於杉林有機書店的「勵志傳記類」分館。若出示到訪所有書店的集點卡，可以兌換老闆手工刻製的葫蘆小夜燈。餐廳也承接機關參訪導覽、遊程規劃等，歡迎大家來參訪老宅、聽老闆講舊物的故事、或者把在地農產品直接變成桌上珍饈。

葫蘆藝術

走向世界的在地藝術
葫蘆微宇宙的技藝光色

徐葆權／文．李阿明／攝影

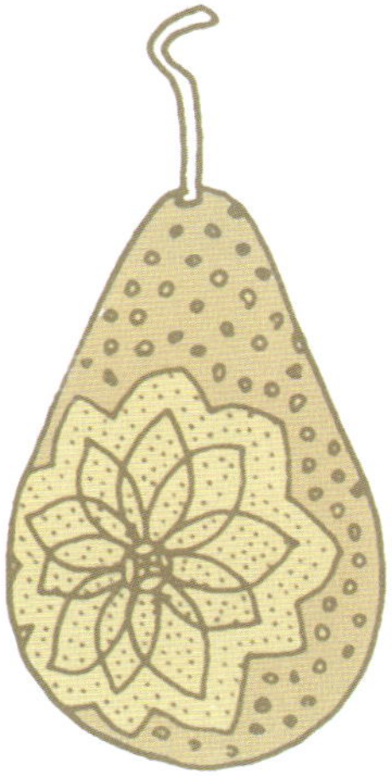

如果是第一次踏進「杉林葫蘆藝術館」這裡的朋友，絕對會從內心深處發出「哇！」的驚嘆。館內的葫蘆大能大到比小孩子還高、小卻又小到能拿在手上把玩，從沒看過的各種尺寸形狀，加上精美繁複的書畫雕刻，讓每一個葫蘆都成為令人目不轉睛的美麗藝術品。

左：琳瑯滿目的葫蘆小夜燈，一字排開各展丰姿。

以葫蘆為基底的在地特色

杉林雖然有楠梓仙溪流過，但溪流豐水期與枯水期的水量差異大，加上由於地質因素砂礫地較多，除了部分地區外，稻米沒有辦法如平地般一年兩穫。杉林的農民也大多在第一期稻作之後，便轉作雜糧或瓜果類的作物，如玉米、蕃薯、南瓜、木瓜、蒲瓜（即葫蘆）等；其中又以葫蘆因為容易種植、生長快速而成為杉林具代表性的農產品之一，幾乎家家戶戶都會在門前後院搭棚架種上一兩棵。也因此當杉林在一九九六年規劃發展「一鄉一特色」時，就選上了與杉林有密切關聯的葫蘆為原料，並邀請葫蘆雕刻的大師龔一舫前來杉林指導，嘗試將葫蘆結合雕刻工藝，發展為在地的特色產業。

同年，何明賢從外地返回家鄉杉林。目睹家鄉面臨農業經濟衰退、青壯年人口快速流失的問題，何明賢邀集了數位朋友，在二〇〇四年成立「杉林愛鄉協會」，師從龔一舫的何明賢更創立了「葫蘆藝術文化村」作為示範據點，嘗試透過葫蘆雕刻藝術來重新帶動在地的葫蘆種植，並研擬量產葫蘆雕刻藝術品的可能性，發展出新的在地葫蘆觀光產業，一方面延續杉林的葫蘆文化，另一方面也能改善農民的收入生計。

二十寒暑的葫蘆藝術深耕

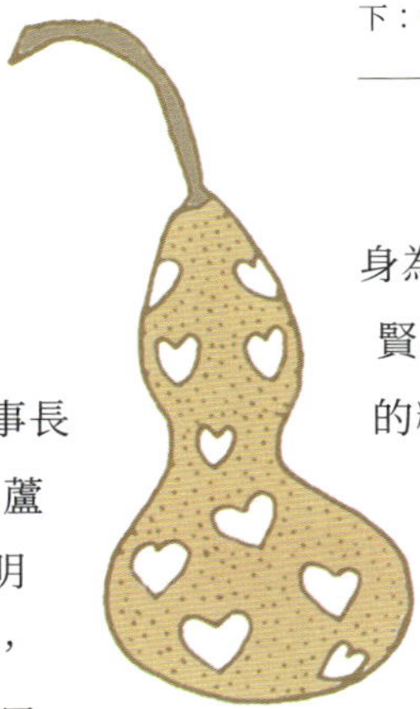

將近二十年過去，何明賢早已卸下愛鄉協會理事長的身分，「葫蘆藝術文化村」也改為「杉林葫蘆藝術館」，但何明賢仍在實踐當年的理想。何明賢既使用在地農民種植的葫蘆作為雕刻的素材，也開發例如葫蘆藝術小夜燈、項鍊手鍊等較為親民、可大量生產供採購的文創產品，甚至還設計出相關的 DIY 體驗課程，從在地種植、雕刻創作到銷售通路，建立起一套基於在地又能引入外界資源及觀光人流的商業模式。

身為一個藝術家，何明賢自然也在持續磨練自身的技藝。何明賢每天投身葫蘆雕刻創作八小時以上以外，也注重書法繪畫的精進，一、二十年日復一日，讓何明賢的作品融合外界難以模仿的精湛雕工與書法丹青，真正成為渾然一體的文化藝術品，更讓國內外的藝術界都注意到高雄杉林有非常特別的葫蘆雕刻藝術。但對何明賢來說，杉林葫蘆雕刻藝術的這個地方特色，除了藝術深度要夠外，也要能展現出內容與形式的豐富性，才能吸引遊客來到杉林，逛逛看看一整天都不覺得累，而且感到有收穫。為此，何明賢也趁出國交流的機會，蒐羅世界各地不同品種的大小葫蘆，並透過創作

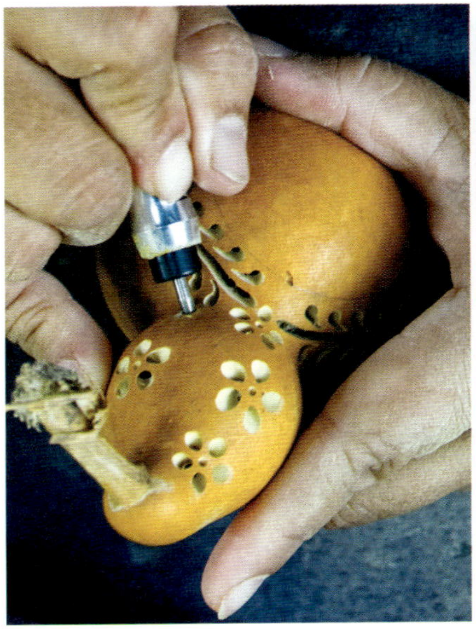

下：每一個葫蘆藝術品都是何明賢與師傅們親手打造。

持續豐富杉林葫蘆雕刻藝術的多樣性。

二〇一七年時，何明賢成立了「高雄市葫蘆藝術協會」，原意是繼續推廣葫蘆雕刻藝術並培育後進，但後來由於藝術界對葫蘆雕刻藝術非常感興趣，協會也非常活躍，因此吸引了許多畫家、書法家甚至陶藝家想要加入協會。後來協會就乾脆改為「高雄市東方藝術學會」，利用旗山武德殿作為學會會員和大旗美地區藝術家的展覽空間，並且串連其它的協會、學會，為藝術家提供作品或表演曝光、交流的機會。

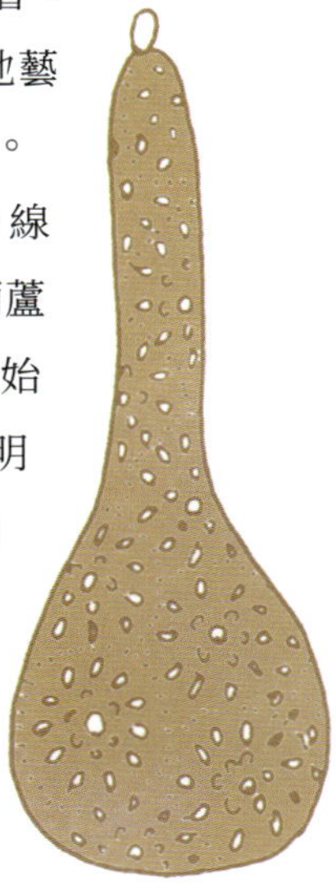

除了藝術家的國內交流外，何明賢也期待讓在地藝術家有機會接觸國外的藝術環境，促成良性刺激。

若來杉林，務必要來何明賢這裡走走。從台 29 線轉入產業道路，經過廣闊的田野，隨著「杉林葫蘆藝術」標誌的指示繼續前進。大約走了會令人開始懷疑是不是走錯路的一段路程時，就會柳暗花明又一村地看到陽臺牆上有葫蘆造型開口的一棟樓房。「杉林葫蘆藝術館」的場域，正是在這塊土地的內側。運氣好的話，說不定還有機會現場親炙何明賢進行雕刻工作的風采呢！

左：除了葫蘆燈飾外，館內還陳列何明賢的葫蘆藝術作品。
右：融合許多技法的葫蘆藝術，精細得令人驚嘆！

台 29 線路口對側小巷景色。

情報資訊

杉林葫蘆藝術

杉林葫蘆藝術館內展示許多何明賢歷年來的葫蘆雕刻藝術品，技法簡繁、藝術品尺寸大小各異，可以看出藝術家數十年的技藝累積與對葫蘆雕刻的投入。尤其當葫蘆燈飾點亮時，整室光影燦爛繽紛，令人讚嘆何明賢的鬼斧神工。

地址　高雄市杉林區上平里大坑 1 號

營業時間　8:00 ～ 18:00，全年無休

Google Map

農作體驗

週邊產品

何明賢的葫蘆雕刻融入原本用於不同媒材的雕刻技法，兼有東西藝術的美感，再加上何明賢從高中時開始累積的深厚國學背景，讓每一個雕刻出來的作品都別有意趣。從藝術品到燈飾、小夜燈或是隨身的吊飾、鑰匙圈等等，何明賢致力於開發各種不同類型的相關產品，為葫蘆雕刻藝術開創出路。

書店散步

杉林有機書店—藝術設計主題館

「杉林葫蘆藝術館」是「杉林有機書店」的其中一個分館據點，以藝術相關的書籍為選書主要方向，一方面是為了配合場域的屬性，另一方面則是期待能從書籍開始為杉林帶入更多藝術氣息，何明賢也持續辦理藝術家交流、講座等活動。

公明宮，努力保存祭儀的廟中書店

Google Map

謝沛瑩／文．謝孟洋／攝影

東高雄區的客家鸞堂可以溯源到日本時期，杉林公明宮主祀天上聖母，民國三十六年落成。邱俊英小時候在廟埕玩耍，回鄉後也在因緣際會下開始參與廟務。近年有感於特色敬神傳統的重要性、以及年輕人口流失下的延續難度，與曾任鸞生的父親、地方耆老合作，積極記錄廟中的祭典、儀式，也與有機書店合作，進行在地祭祀文化的蒐集與推廣。

當全臺灣唯一以分館串連起的有機書店在杉林蓬勃發展，邱俊英提議也可以利用公明宮的會議室，半開放空間正好讓附近居民坐下來看書休息。最適合的主題當然就是宗教文化了。雖然位處媽祖廟，但選書兼容並蓄，從鸞章選集到新約聖經都能找到。

地址　高雄市杉林區月眉里清水路公明巷 24 號

鴨拓草，客庄夥房旁的藝術空間

Google Map

朱珮甄／文．謝孟洋／攝影

木造建築的鴨拓草隱身在滿是傳統客庄夥房建築的聚落中，二層樓高的建築卻意外的不突兀，這裡不僅成為金曲音樂人錄製專輯的空間，開放的戶外草坪則成了演唱會場地，性格浪漫的屋主邱俊英是道地的杉林人，以綠建築的概念設計建造了鴨拓草，如今是杉林有機書店的據點，也將開放成為杉林無牆美術館的展場。

平常也會穿著客家藍衫風格的邱俊英，在鴨拓草的空間裡也是瀰漫著濃濃的客庄藝術風格，藍衫變成懸掛於牆上的藝術品、客庄藝術家的水彩畫，更別提廚房裡各種與客家料理有關的食材與漬料，對邱俊英來說，將客家文化與生活結合是最基本的日常事物。

為了讓更多人認識客家文化，邱俊英與夫婿決定加入杉林有機書店的行列，不僅要開放自家生活空間，並透過藝術創作的方式與大家交流，期許杉林能有更多的文化樣貌呈現。

地址　高雄市杉林區月眉里清水路公明巷 17-3 號

日光照相館，鎖住歷史印記的圖像書店

Google Map

朱珮甄／文．謝孟洋／攝影

位在杉林區最熱鬧的上平里山仙路上，一整排近代傳統販厝之中，有座神秘的櫥窗，這裡紀錄了杉林超過半世紀的人文印記，沒有招牌但杉林人都知道這裡是「日光照相館」，杉林與美濃人的喜樂、離合都在這裡留下珍貴的影像紀錄。日光照相館由張仁葵先生開設，起先在旗山圓潭爾後搬遷至杉林上平。

攝影師特有的浪漫性格，在張仁葵先生的攝影作品中也嶄露無疑，從他所拍攝的照片中看到同臺灣多元族群融合生活的畫面，從服飾到傳統文化，一一記錄。張仁葵離世後，家人為其保留許多攝影及暗房器材，還有更多為數不少的老照片，2014 年曾在杉林圖書館展出。

在相館停業多年後，2024 年將再次打開大門，不僅成為杉林有機書店據點，也同是第杉林無牆美術館的展區，日光照相館收藏的眾多老相片將再次展現，而重新開放的相館也將成為杉林人話當年的空間，或許也因此能再記錄下更多杉林與美濃的故事。

地址　高雄市杉林區上平里山仙路 66 號

日光照相館外牆上許多珍貴老照片

1-2

二仁溪、溝坪溪

內門

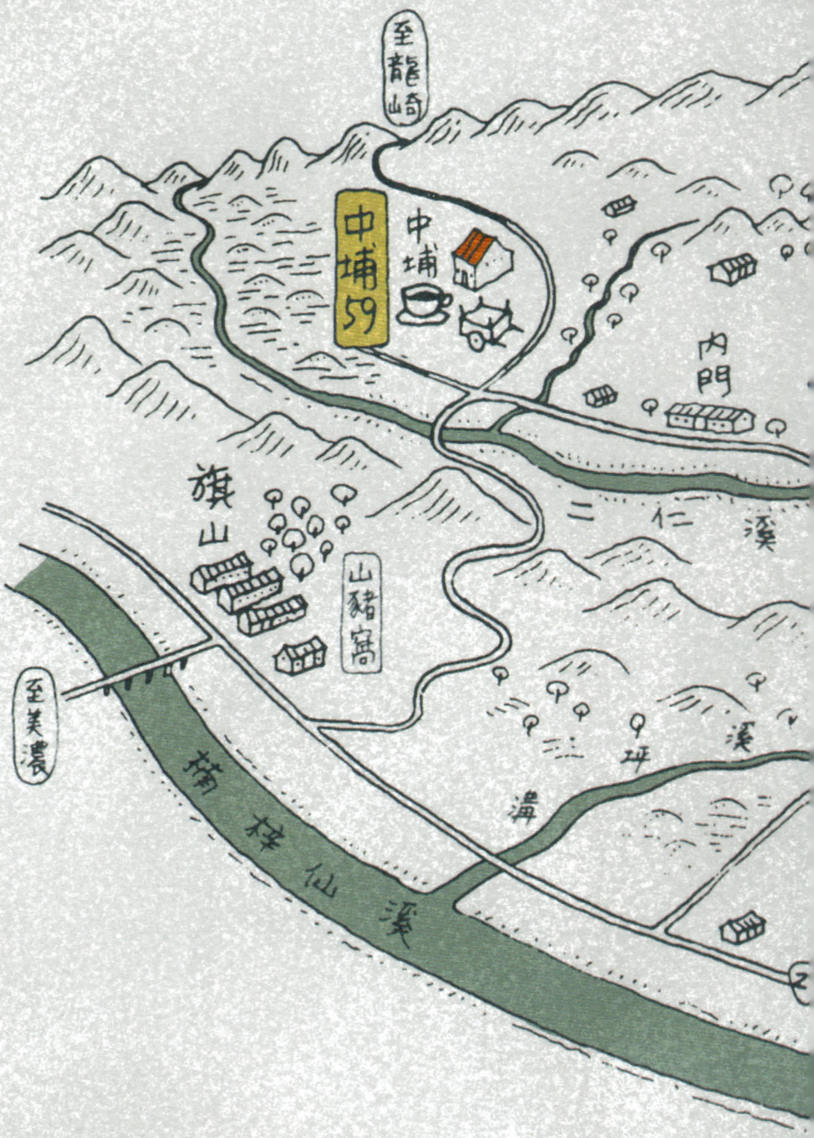

❶ 集檣室工坊

❷ 力家農園

❸ 中埔 59

❹ 吉貓農園

❺ 老三咖啡館

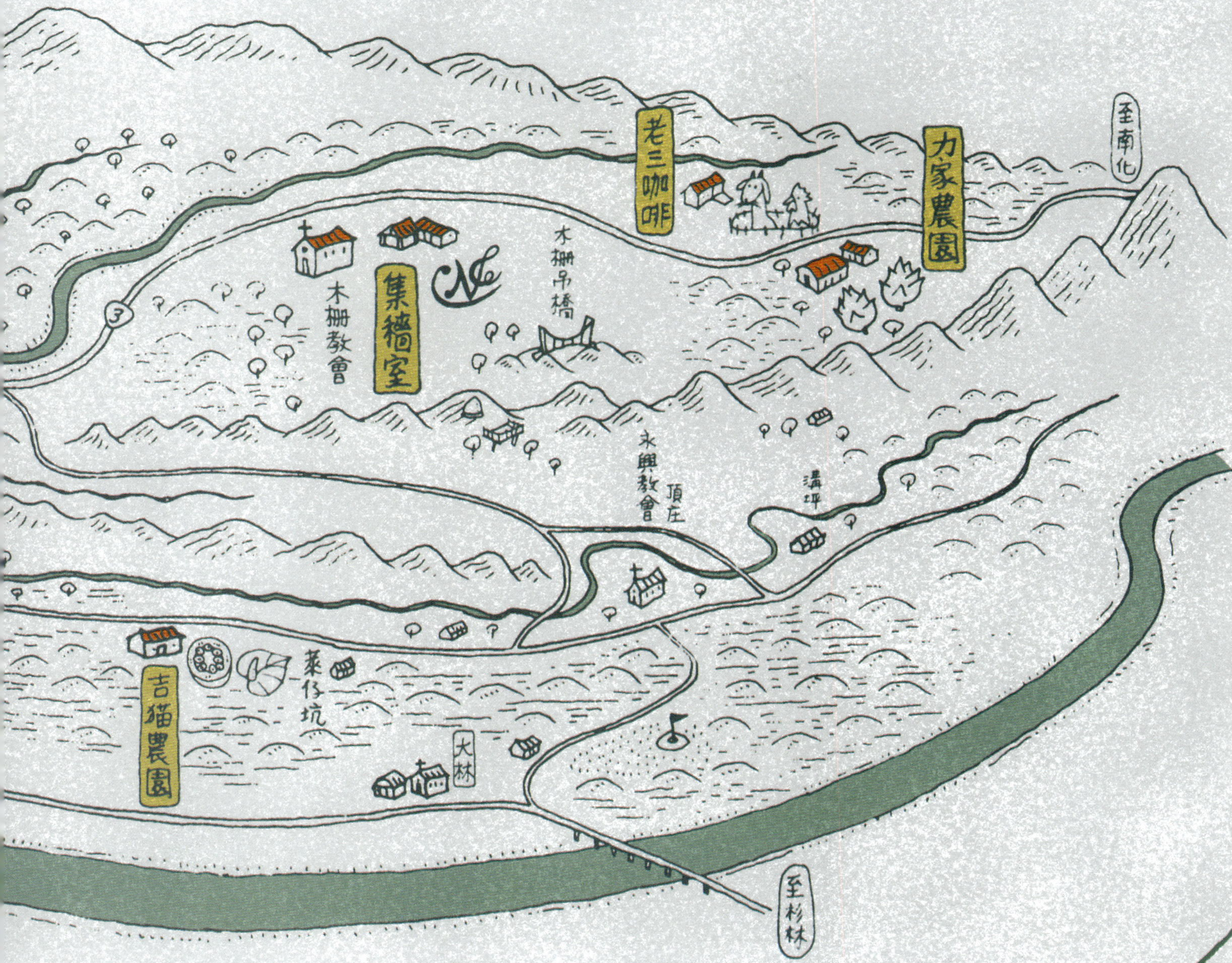
老三咖啡
力家農園
至南化
集稿室
木柵教會
木柵吊橋
3
永興教會
頂庄
溝坪
吉貓農園
菜仔坑
大林
至杉林

導讀

東西南北同路人

讀土地如歷時光

林芷琪／文・盧昱瑞／攝影

內門有東西兩邊。由烏山山脈縱貫南北，二仁溪和楠梓仙溪的支流溝坪溪各自流淌其中。

西邊的內門是台 3 線上的十三個里，順著二仁溪往上彎彎繞繞，經過實踐大學、順賢宮、紫竹寺，有每年初春便會熱鬧登場的宋江陣活動，廟口的花生糖和可隨即外帶回家享用的總鋪師料理。還有改裝阿公的醫生館，經營成咖啡館的「中埔 59」；承繼父母快樂農場，並營造為復振西拉雅文化基地的「集穡室工坊」；本來從事音樂藝術，回鄉轉身成為時尚村姑接手有成的「力家農園」；提供自栽自養食材的美味料理，及極具內門當地風土特性，咖啡充滿龍眼香氣的「老三咖啡館」。

東邊的內門從台 29 線接高 117 線，緊臨溝坪溪，有從栽種火鶴轉型為以生產百香果、萬代蘭、腎藥蘭為主的「吉貓農園」，年輕的農園主人與一群伙伴組織成立「山澗八里」，「八里」指的是內門東邊永富、永吉、永興、溝坪、金竹五個里和地理位置上更為鄰近的旗山北邊圓富、中正、大林三個里，共同推出了農村秘境遊程。

這一路內門五個所在，都盈滿著閒適友善的氣氛，並熱忱地與社區和旅人共享互動，我們在集穡室工坊吃到力家農園香甜多汁的火龍果，在「中埔 59」看到吉貓農園往旗山送貨路上，特別捎來鮮豔欲滴的萬代蘭，分成東西兩邊的內門，原來仍處處同路人。

集穡室工坊

滲透日常的璀璨光芒

集穡室快樂農場

楊路得／文 · 李阿明／攝影

「耆老們的記憶，是我們最沉醉的時候。……即使曾經失落，但那血液裡的身分是永遠不變的，……當行走在木柵的山林間……過了一個山崙仔仍會香的過山香是西拉雅的傳統植物之一，圓仔花、青葙、澤蘭是耆老們祭祀時，編織花環的材料，Tarau 散穗高粱的復育，讓木柵再次尋回那思念的傳統美食，Tarau 麻糬。臺灣魔芋的出現，告訴我們木柵部落是最佳生態環境的指標。樹薯、雷公菇、月桃、薑黃是大自然的禮物。Talivinvun 大風草，不只是歌謠，更是部落中耆老們的藥用植物智慧。……有一群西拉雅族人，歷經四百年的遷徙落定木柵（Baksa），從此之後，木柵就是家。」

——李蕙琪《愛上回家的路》

左：棋子老師帶著喜樂、信心的步伐，回頭望著戴牧師，期望馬雅各古道能重新成為臺灣的朝聖之路。

上：李蕙琪積極復振族群文化工作。

就像風吹過古老森林

「哇！你們來了。」蕙琪師母匆忙地從廚房走出來。她穿著圍裙，一面說著，一面擦拭著額頭的汗水。「請你們先喝茶，這是打撈（Tarau）茶，先坐一下。我還剩最後幾道菜，馬上就好了。」

集穡室快樂農場位於內門木柵，二仁溪支流附近。沿著內山公路走，沿路多有芒果樹、荔枝樹、美人蕉、與碧綠幽篁刺竹林。出訪的五月天，天色湛藍，點綴朵朵綿雲。路經百年白色木柵教會後，緊鄰便是集穡室。一八七一年，英籍攝影師約翰．湯姆生尾隨馬雅各宣教之路造訪打狗港，旅行期間曾至木柵教會拍攝了數十張照片，成為臺灣史上極為珍貴的影像，在約翰湯姆生《十年載記》中也曾有紀錄：「我們終於到了木柵的禮拜堂，……這個晚上我們睡得非常沉……。有一所學校與禮拜堂相連，不論大人或小孩，都可以在那裏學習閱讀與書寫廈門方言。有一、兩首當地的曲子被改編成頌歌，這些曲子帶點曠野氣息，又有幾許哀愁，就像風吹過古老森林的嘆息，也像是暴風雨呼嘯過岩岸的轟鳴。」

如今只剩老人與狗

「我們家族的老家就是在木柵教會，以前這裡整個都是戴家的。我的祖先戴返把福音帶回來木柵，大家都在戴返家聚會，後來越來越不夠用，我們於是就獻地給教會。」快樂農場主人戴智煦牧師憶道。

戴牧師自幼生長於此地，這塊地域於他充滿生命記憶：「小時候這條街很熱鬧，有木材行、碾米廠、雜貨店就有二、三間。教會附近有派出所，一週裡有三天開夜市，還會播放露天大電影。現今教會旁露營區，以前是花式撞球間，農業時代吸引很多年輕人去玩樂。」戴牧師一邊追憶描畫，一邊不由己地嘆息：「在這塊土地上可以看到當時我們出生時期是很興盛的年代，小時候很快樂，但沒幾年便快速沒落，只剩下老人與狗……。」

接續戴牧師的悠長記憶，蕙琪師母接下話頭：「過去我公婆就在這裡經營快樂農場，也賣咖啡。那時我在做手工皂，本來是自家人用的，因為做得太好了、做出了口碑，就在市區成立手工皂工作室。公公過世後，我們一度考慮把農場收起來，心底又捨不得，最後想著，不然乾脆把工作室移轉到這裡。」

復育土地的原色

蕙琪師母長期以來關注西拉雅議題，於是便將農場咖啡與西拉雅文化合併。當時剛好原民會正推動一個計畫，於是她花費五

左：原始與創新融合的西拉雅料理。

年心力、幫內門社區發展協會做西拉雅文化田調，走訪了在地姓氏調查、歷史故事、地名由來、拜太祖信仰與族語創作詩歌。再將這些資料編纂成書，名為「愛上回家的路」，成為認識木柵的最佳目錄。

計畫結束後，蕙琪師母就思想，既然已經深入西拉雅文化，倘若就此停下，似乎也無人接手，索性繼續做下去。奇妙的是，不久成功大學、實踐大學、臺南應用科技大學、歷史博物館，前後接續來洽談合作，於是乎，集穡室快樂農場就此成型。

目前集穡室主要從事西拉雅文化復振，如族語、族語歌謠、詩歌創作、戲劇創作、還有傳統技藝、十字繡、竹編等。蕙琪師母說道：「西拉雅傳統飲食有粿、Mai、八月豆、麻糬、筍醬、山苦瓜、還有一種蝸牛乾，將田野的蝸牛曬乾之後下去煮就可以了。而打撈是主食，早期耆老是打撈跟番薯一起種。種番薯時，打撈就撒在田邊，然後就一起收成。收成時大人收番薯，小孩也收打撈一起背回來。打撈空殼，還能綁掃帚。我早期復育打撈時，就復育三種顏色的打撈。黑色、褐色與紅色。高山原住民的是黑色，大武壠族的是褐色，這二種的苗都是綠的。只有我們木柵西拉雅族的從苗開始就是紅色。」

訪談當天的午膳便是蕙琪師母精心烹飪的西拉雅料理，看來是原始與創新之融合。木桌上鋪著奶茶色植物染桌布，個人餐具旁則細心提供不同色系染手巾。桌上擺著烤玉米與地瓜、雞絲沙拉、鳳梨炒木耳、特製醃烤的豬排、加了龍眼乾的麻油雞湯，又稱「熟男熟女湯」。還有道獨特菜品，「淡淡熟女不扎人」，據說是以剛成熟鬼針草入菜，與蛋液料理而成。原來因為剛成

熟鬼針草是不扎人的，於是他們便研發製作鬼針草蛋。白飯則點上粒粒分明的散穗高粱。最後現身的紅黃兩色麵線，非常吸睛，分別以火龍果與薑黃賦色。角落玻璃罐裡是紫紅色的「穗穗平安良心茶」、亦即打撈茶。飯後另有甜品，由芒果樹下自然生長的愛玉做成的愛玉冰。

古老而創新的西拉雅美學

蕙琪師母忙完廚房活兒後，再度現身時已換了一身高雅藍色的西拉雅族服，髮上亦纏著同色系頭巾。她在滿桌佳餚前為我們一一解說每道料理的由來，回憶她外公狩獵的冒險故事，同時播放族人自行創作的月光音樂劇。

在西拉雅的午後的這靜謐片刻，戴智煦牧師與李蕙琪師母伉儷未曾間斷委身於耕耘成長的木柵。當他們談論西拉雅時，滿腔熱血燃起雙眼的炯炯光芒，那目光亦透露出靈魂深處對西拉雅那股熊熊愛火。愛火是炙熱的，彷彿呢喃細說，西拉雅啊，西拉雅，妳永遠都是我心中最亮的璀璨光芒。

情報資訊

集稽室快樂農場

內門區木柵里早期為快樂農場，為戴智煦牧師父母經營。而後李蕙琪師母接手經營，2020 年更名為集稽室。戴智煦牧師與李蕙琪師母夫婦都是木柵西拉雅人，有社工背景。戴牧師過去曾負責軍艦電工，目前為梓官長老教會牧師。李蕙琪師母是音樂研究所畢業，現在除了是集稽室負責人，積極復振族群文化工作，更是在高雄市部落大學教授族語及族語歌謠，也擔任旗美社大十字繡講師等。集稽室連結在地快樂、轉角有機農場，以 Natural 自然，Kindly 友善，Care 關心三大理念為出發，基於對西拉雅土地有情，以「農者之殖磽野，旱年之望豐稽」之心，賦予人文關懷之意念。

地址　高雄市內門區內興里土庫 12 號
電話　07- 6681156

Google Map

農作體驗

文化復振 × 古道 × 農作

目前集稽室主要致力於復振西拉雅文化，如恢復西拉雅族語、傳統歌謠、詩歌創作、戲劇創作、還有傳統技藝、十字繡、竹編、傳統料理、先人狩獵文化等。同時亦種植有機蔬果與復育傳統農作，如散穗高粱（打撈）、紅藜、薑黃等。

文化體驗 × 課程 × 帶路導覽 × 手作 DIY

集稽室快樂農場有傳統與創新風味餐／午茶（無菜單料理／咖啡與在地農作果乾）、亦提供現採有機蔬果，並提供在地文化導覽，如馬雅各宣教、湯姆生影像、西拉雅文化、植物環境等深度導覽。此外亦有各式手作 DIY 體驗課程。如：「食在安心」（手作 Tarau 傳統麻糬、古早粿、紅藜手工餅乾）、「實在藝事」（手工皂、竹編、馬賽克拼貼、植物染）、「拾豆聞香」（手採咖啡豆體驗、烘豆體驗等）。

一八七一年湯姆生古道 C 路線

懷舊尋幽的馬雅各古道

帶路導覽

棋子／文

馬雅各古道是當時馬雅各醫生從木柵到柑仔林教會（現在的永興長老教會）所行走的路徑。在木柵端則有三處入口（頂頭崙仔，木柵巖、黑石仔崎等三處），直到與溝坪區交界處設有馬雅各古道石雕裝置及觀旭平臺，可眺望木柵部落及茔地景觀。從木柵端以上行坡道山路到溝坪端下坡至山尾埤出入口處，每一個彎坡道的轉折都必須讓行走者調整呼吸。這條古道走起來不算輕鬆，每次走在這路徑上，都會思考著，是什麼樣的心志讓馬雅各醫生遠赴重洋，跋山涉水、只為傳送神的大愛。而行走在這路上的人，則隨著前行的每一步，更深度地與自己、土地、生命產生對話，領會馬雅各在這座島嶼所留下的恩典、慈愛與祝福。

泥壤間的時尚村姑
陽光灑落的農園風景

楊路得／文 · 李阿明／攝影

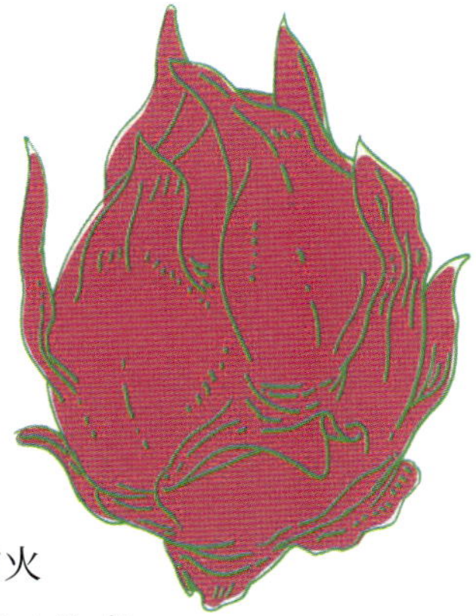

抵達力家農園時，已是午後。集穡室的棋子老師帶我們穿過力家老厝，逕自來到果園前的鐵皮屋。鐵皮屋內擺有沙發區，一隅的觀景臺透進幾束慵懶傾斜的光線，望出去為廣闊無垠的火龍果園。正當大家瞅著美麗景色時，聽見棋子老師的聲音，「哇！妳來了，我們正想下去找妳呢。」循著聲音看去，從園中小路緩緩走上來的一個女孩，燦爛的五月陽光灑落在她身上。她纖細高挑，盤著髮髻，肩上繫著碎花領巾，雙腳穿著沾泥的長筒雨鞋。她看向我們，臉上堆滿羞澀清秀的笑容。棋子老師熟笑道：「我們的時尚村姑來了。」

上：燕子仔細解說火龍果的種植與收成。

彈琴的手，歸於家土泥壤

從台 3 線內山公路，過木柵吊橋、越二仁溪、再經椰樹腳、石內、山尾埤，到高雄與臺南金馬寮邊界前，即為力家農場。農場附近住戶不多，尚存原野風貌，隱藏各種部落植物，如紅頭李欖、澀葉榕、龍船花、血桐、綠竹、翼柄決明等。

「力」姓是西拉雅特殊的姓氏。從日治時代的戶籍謄本中，可以知道木柵部落族人是來自西拉雅族新港社，而大部分漢姓都是賜姓，取原西拉雅姓氏中複音節的尾音為漢字譯音。「力」是取 Varik 最後一個音節 rik 而來，而當今力家農場負責人燕子，大學念的是音樂系。吹黑管彈鋼琴的手，如今卻常埋於泥土之中：「當我的腳踏在泥地上時，我感到很舒服。以前在臺北雖然不用曬太陽，也不用這般勞力，但心裡面總覺得空空的，因為我就是在這裡長大的孩子。小時候在這塊土地上爬樹、捉蝦子。所以即便在外地，心裡還是很掛念。當時就決定——就算在臺北退休，退休後我也想回家。現在很慶幸可以早點回到這裡。在自己有力氣回來銜接種植這塊土地。」說著說著，燕子眼光愈趨明亮，眼目好似定格在這片火龍果園上：「說實話，

上：燕子與母親同心合意照料父親留下來的農場。
下：火龍果的產季是半年，現在因為果園有裝燈，所以一整年都能收成。

我也想把爸爸的產業延續下來，他應該會很開心。」

焰火般火龍果花的初心

燕子高中離家後隨即北上。大學畢業後在臺北開了一間工作室，工作室內有鋼琴和獨具巧思的純銀飾品。燕子一面教鋼琴、在教會詩班當指揮；一面以純熟藝術造詣創作各式銀飾。燕子父親原本任職板模工作，退休後始投入果園經營種植。當時的火龍果與火鶴，種得是風風火火，好不豐盛。

世事難料，父親突然因病被醫生宣判只剩半年，燕子自得知父親病情後，時常南北往返，為陪伴父親也為幫忙農務。那時的燕子，是果園中時尚音樂家兼藝術家。她穿梭在果園中協助除草、施肥與摘果。父親因為她的陪伴，竟神蹟般再度過七年時光後方辭世。那段陪伴的時光，也讓燕子累積了務農的豐厚經驗與實力。

三年前，她正式離開華燈璀璨的臺北城，也告別耀眼音樂藝術路。她搬回木柵老家，在鄉間點上一盞燈，與母親共同撐起偌大果園。自此，她體會生命豐富的重量，也在根源處找到了當時純真年代的初心。

「火龍果花會陸續綻放，產季約半年，約在每年的 5 至 11 月。但自從我在果園裝上燈泡，現在一整年都能收成。燈光時間每次都不是固定的，我都會因應不同的環境需求來控制時間。這裡的果實，多半一收成，以前臺北的老顧客很快便訂購完畢。」燕子表示，每批火龍果的收成都是大工程，從採收、清洗、選

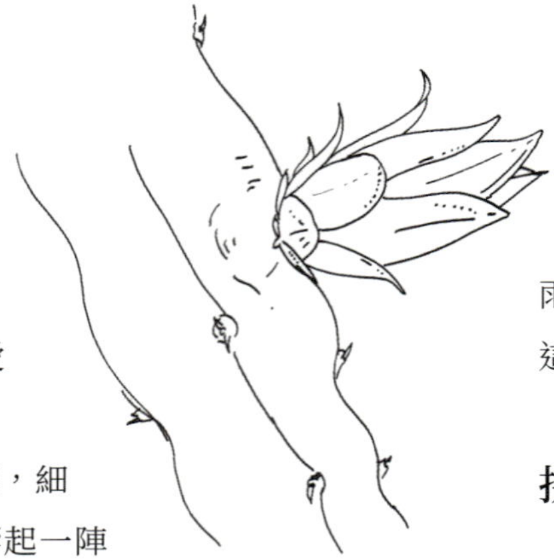

果、裝箱、寄送……等，每個環節過程都是家人滿滿的愛與協助。

一逕聊著，燕子步向園中小徑，細心檢查每個套袋。突然周圍響起一陣不和諧的聲音，她轉過頭來笑說：「這是驅鳥器的聲音。用來趕鳥。這些都是我爸爸教我的，他們做的時候會教我。」接著她回過頭去，繼續低頭仔細觀看這些火龍果寶寶。

「你知道為何我們會挑選火龍果嗎？」她停了半晌，「因為風雨再大，都不會落果。這些年來雖颱風頻繁過境，但很奇妙地，這些火龍果都長得好好的。」

拚命努力，也需要神蹟相助

緊鄰火龍果園，比鄰是寬闊的網室。燕子隨即領頭走入黑色網室中，映入眼簾的是整片青綠龜背芋田。由於火鶴種植較不易，燕子選擇與火鶴種植環境相似的龜背芋。過去因是用保麗龍盒種植火鶴，後來為了種植龜背芋，她全部都改成鋪抑草蓆。保麗龍盒下面的土壤是硬土，於是燕子徒手以鋤頭鬆土，一區一

下：棋子老師與燕子示範農家火龍果吃法，整顆豪邁咬下，吃得齒縫紅通通也無妨。

區輪番，只有她與母親二人，前後花費一年才全部鬆土完畢。

「有時候，努力也是需要神蹟的。」燕子會心微笑，「我們這邊只要颱風來，很奇妙風都會被擋下，因此果園都沒有怎樣。龜背芋又稱電信蘭，因葉子像龜背而得名。它不能直曬太陽，否則葉子會曬傷，所以需要半遮的網室。夏天時一個半月即可收成，冬天則需要兩到兩個半月。每周我大約會收成二次，我會騎著運貨車把這些收成的火龍果或龜背芋載上去鐵皮屋。包裝好就載到集貨場。」

此時，燕子媽媽正在裁修枝條：「就把老的枝條裁掉，舊的產值不好都會裁掉。」媽媽略顯害羞地說明：「燕子那時看到爸爸生病，就開始幫忙，現在又來陪我，所以我的心情很好啦，因為這裡的每一棵樹都是我們的小孩。」

說著聊著，日頭漸平西，走回去路上，棋子老師與燕子示範了

農家火龍果吃法。原來火龍果可如同香蕉一般，一片一片剝皮後豪邁咬下。吃的齒縫間紅通通也無妨。

深夜的燈火與明日的希望

返家當晚，燕子寄來黑暗中火龍果園點燈的照片。畫面裡那一整串劃破寂靜暗夜的燈泡，像極了聖誕節期時歐洲市集的閃亮夜晚。燕子在照片的附註寫道：「考慮了很久很久，終於砸重本安裝亮燈！期待收成時果實價格能和這些燈火一樣，超亮超美麗！」

明亮而美麗！在蛻去華麗裝飾後，燕子這條回家的路，終究踏在這燦爛陽光下泥土上。相信此時深夜這片美麗燈火，不僅點亮碩大火紅的火龍果，使其延續生命；更相信這些亮光也刻在燕子心坎裡，畫下那承載生命重量、歷久而彌新的深刻之愛。

情報資訊

時尚村姑—力家農園

力家農園鄰近二仁溪流域的支流。農場主人為西拉雅族的力蔚燕。她是音樂家與藝術家，現在投身返鄉青年，致力於種植高品質蔬果。她曾榮獲內門區 111 年度傑出農民，於民國 113 年度傑出農民暨農民節的模範農民。

地址 高雄市內門區內興里土庫 37 號

電話 0910-080460

Google Map

農作體驗

火龍果 × 龜背芋

目前農場主要出產火龍果與龜背芋，有時也有百香果與樹葡萄。這裡的龜背芋，在木柵地區無人能出其右。而碩大高品質的火龍果，甫收成便很快被知情老饕訂購完畢。

帶路導覽

從台 3 線往北，可至附近山尾埤登山步道來趟登山趣，閒暇可至老三咖啡品咖啡，品嘗輕食餐點。亦可到集穡室快樂農場預購西拉雅風味餐，參觀百年木柵教堂，再至木柵吊橋體驗山間風光。

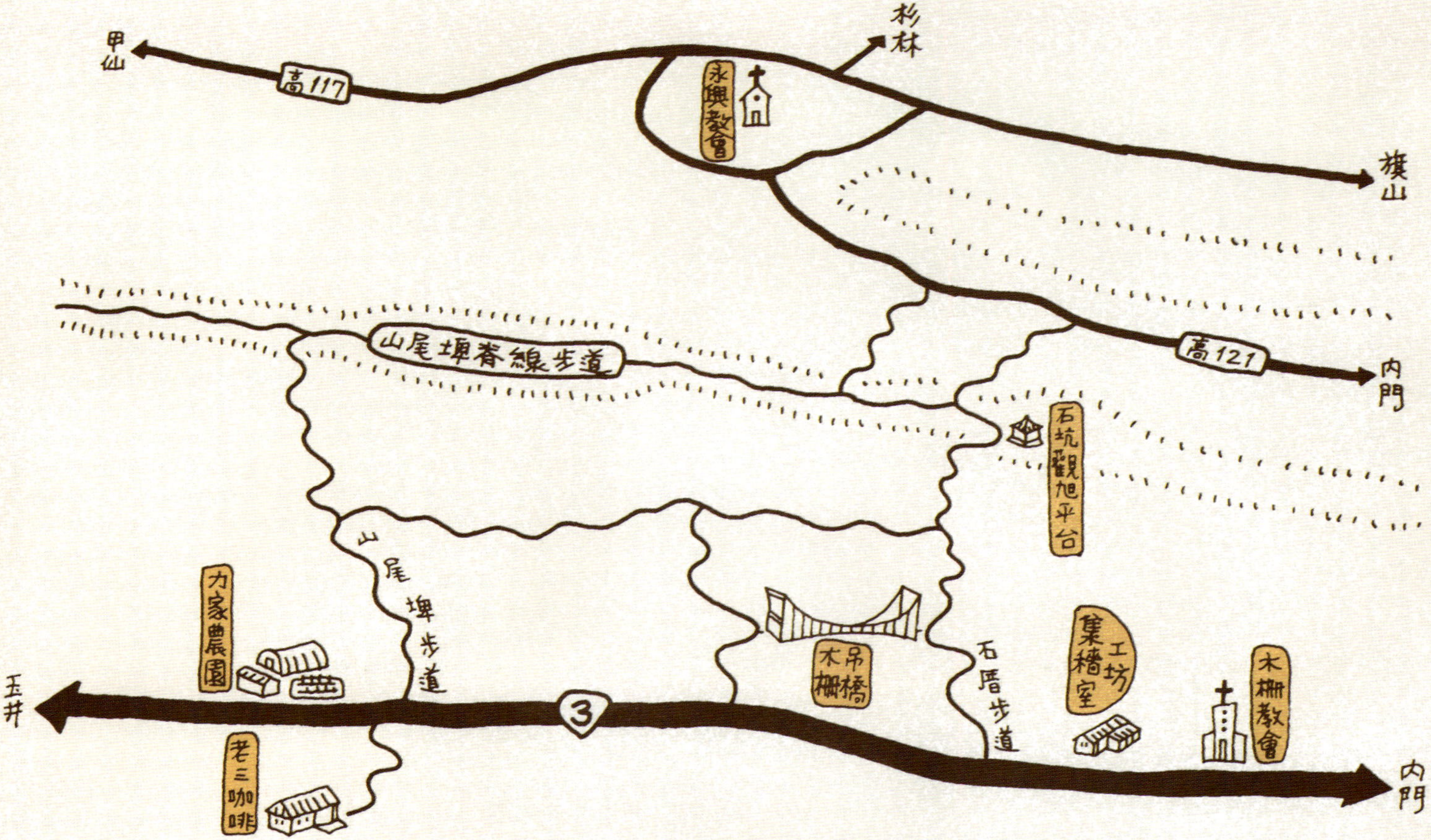

CERTIFICATE
CERTIFICATE
原味拿鐵 H 100 I 110
卡布奇諾 H 100 I 110
摩卡咖啡 H 110 I 120
黑糖拿鐵 H 120 I
漂浮冰咖啡 I
義式冰淇淋咖啡
艾莉絲冰滴咖啡
59 奶茶 H 110 I
59 黑糖奶茶 H 120 I
59 巧克力 H 110 I
甘菊安神茶
JIM BEAM
LUXARDO
I love money very much.
DREAMS BIG
1976
發
財

中埔 59

以味承載的家族羈絆

返鄉重寫土地記事

朱珮甄／文 · 鍾舜文／攝影

從高雄市區出發經國道十號，下旗尾接台三線往北，過實踐大學後不久切往左側小路進入內門熱鬧的街區，依著緩升、緩降的鄉村小路，隨住家戶數越來越少時，意味著抵達了「中埔 59」。

「中埔 59」經營者石岱于，爺爺和阿祖都是醫生，家祖遷移史從澎湖到臺灣，屏東里港、高雄中埔與旗山都有生活的痕跡，而現今的空間便是地方上人稱的「醫生館」。叛逆性格出生在傳統保守的家族，「中埔 59」是他與弟弟恣意妄行的開始，卻讓背負著家族長孫身份的浪子開始思考回家的意義。

左：「中埔 59」三大臺柱。
上：石岱于重整爺爺的醫生館經營「中埔 59」。

從醫生館到咖啡館的解憂秘境

踏進「中埔 59」最先看到的是一個 50 吋的液晶螢幕和線條極簡卻精緻的咖啡烘豆機。液晶螢幕上顯示著烘豆機目前的溫度以及滿滿的數據和曲線圖，一臺近年評價極高的近火紅外線的烘豆機正在運轉著，在擺放生豆的櫃子角落則放著一臺超過六十年的裁縫車。

的確難以想像在人口密度這麼低的中埔，開一間可以讓人家來學習和體驗咖啡烘豆的咖啡館，簡直是奇談。總是穿著休閒西裝外套和戴著鴨舌帽的蕭大哥十分健談，是旗山仁和雅咖啡的創辦人，不少老客人也跟著他來到中埔，喜歡結交朋友的性格和石岱于一樣，咖啡館裡越熱鬧越好，於是兩人便決定在咖啡館裡教大家烘豆子。

「中埔 59」隨時都準備至少十種以上的不同品種及處理法的生豆，每次烘焙的重量也不多，再加上近火紅外線的烘豆機對初學者來說成功率較高，漸漸開始有些咖啡癮士聞風而來，加入咖啡豆烘焙學習行列。

社造夥伴聚會分享經驗。

咖啡館裡的社造秘密基地

「要先有平臺和空間，才有機會去做想做的事情，但現實經濟面必須兼顧。當初就是想先把空間整理起來後做點有小收入的事情，看能否也能順便帶動村里熱鬧。」石岱宇在整理醫生館的過程裡，接觸了旗美社大與小鄉社造兩個旗美地區長期耕耘社造的非營利組織，啟發了他對空間營運和經營的想法與學習，之後與旗美社大還帶著社區居民出版了中埔村誌——《行佇咱的路》。

石岱于有感偏鄉非營利組織要在幅員遼闊的旗美九鄉鎮工作和移動實為不易，便將原先爺爺奶奶休息的空間保留，無償提供地方 NGO 組織辦理課程及會議使用。「我得到過幫助我知道他們做的事情對地方是很重要的，我現在有機會就會支持。」對石岱于來說，他完全明白偏鄉有限的資源全都難能可貴。

以味承載未來的歸鄉路

早期醫生館會製作添加麻油的草藥膏，熬煮製作過程都有極為濃烈的草藥味，有時會附著於衣服上，小時候偶爾需要幫忙的石岱于說，同學只要聞到那股濃烈的藥草味就知道我來上學了。石家的草藥膏在鄰里之間有著極高的知名度，咖啡館營運之後，他的母親偶爾也需要在工作之餘熬煮製作，以味傳承似乎就是石家人的家族記憶，也讓他思考未來家的所在。

左：人稱蕭班長的咖啡師，在旗美地區頗有知名度。
右：花式咖啡是「中埔 59」的另一項特色。

「爺爺奶奶離開之後，每逢過年過節那種回阿公阿媽家過年的氣氛都沒有了，現在房子整理好，大家又有地方可以回來，平常爸爸和大伯也會找朋友來喝咖啡，這種生活的樣貌的確是我想要的，但不可否認的，現在還是有現實生活上的壓力，搬回來中埔住是目標，只是不確定何時會實現。」

聊到尾聲，石岱于也正提到幾天前才剛協助母親完成草藥膏的製作，問他未來會接續母親的工作嗎？他則笑著說看看吧，因為那個味道～真的齁……還是咖啡比較香。

醫生館早期是石岱于爺爺的居住空間。

情報資訊

中埔 59

「中埔 59」並非只把空間定位在咖啡館，社區課程辦理、咖啡豆烘焙教學、手沖咖啡及調飲體驗、桌遊聚會。這裡是生活分享、社區居民聊天聚會及咖啡愛好者聚集的地方。在第三代的營運維護下，繼續以「中埔 59」的名字紀錄屬於地方以及家族的故事。

地址 高雄市內門區中埔里中埔路 59 號

電話 0938-608959

營業時間 10:00 ～ 18:00（每週二、三公休）

Google Map

農作體驗

咖啡豆烘焙教學、預約至深夜酒吧

「中埔 59」提供近紅外線咖啡烘豆機、各式咖啡生豆，由旗山仁和雅咖啡創辦人蕭大哥專業指導，每次最低烘焙量約 200 ～ 300g。咖啡吧檯也開放民眾入內自行沖煮咖啡或調飲，深夜酒吧採預約制。

社工太太穿針引線、動員鄉親寫鄉誌

因為太太擔任社工的關係，石岱于接觸了在旗美地區深根多年的社造組織「旗美社大」及「小鄉社造」，奠定「中埔 59」的營運及地方回饋的模式。2023 年與「旗美社大」耗時半年之間，訪談多位地方耆老後發行了中埔第一本村誌《行佇咱的路－內門中埔講古》，走遍中埔村頭庄尾，不僅讓自己更認識中埔，也是他想要帶動和活絡地方居民互動的第一步。

惡地綻放酸甜夢想
創造美好田園聚落地景

徐葆權／文・盧昱瑞／攝影

我們造訪吉貓農園時，正是百香果收成的季節。葡萄藤架的百香果藤架還不算高，藤葉間還看得到盛開的花朵；結實纍纍的百香果垂掛下來，伸手可觸。整座百香果園瀰漫酸香酸香的氣息，更有蜜蜂忙碌的振翅聲，充滿夏日歡快的活力。

左：臺農 1 號百香果是吉貓農園的招牌農產品。
上：經營「吉貓農園」的丁群展夫婦。

右上 & 右下左：內門頗富盛名的火鶴花，是臺灣切花外銷的主力之一。
下右：流過吉貓農園附近的溝坪溪。

愈險愈豔的火鶴花精神

吉貓農園位於內門區永富里的萊仔坑聚落。據說當先民來到這座溝坪溪（又稱「口隘溪」）的河谷時，發現許多澀梨（即臺灣蘋果）生長於此，便將這裡命名為「梨仔坑」，經臺語轉寫後為「萊仔坑」。這裡因為地質上與臺南龍崎、高雄燕巢「月世界」一帶的青灰泥岩惡地地質接近，貧瘠的土壤難以育長一般農作物，卻也讓內門農民發展出龍眼、鳳梨、萬能薯、火鶴花等多樣的經濟作物。

這些作物當中，火鶴花可說是與吉貓農園有深厚的因緣。內門一帶由於日夜溫差劇烈，冬季溫差更常常在 10 度以上，經歷環境洗禮的火鶴花葉面光滑、顏色亮麗，曾經是臺灣切花外銷的主力，更讓內門成為臺灣的「火鶴花之鄉」。吉貓農園丁群展先生的父親在二〇〇七年退休後，也為此投資了大筆金錢在火鶴花農場上。然而原本經營農場的團隊卻因故打算放棄，父親為了避免血本無歸，即使沒有任何經驗，也只能選擇親自跳下來經營。

從一無所有到酸香豐收

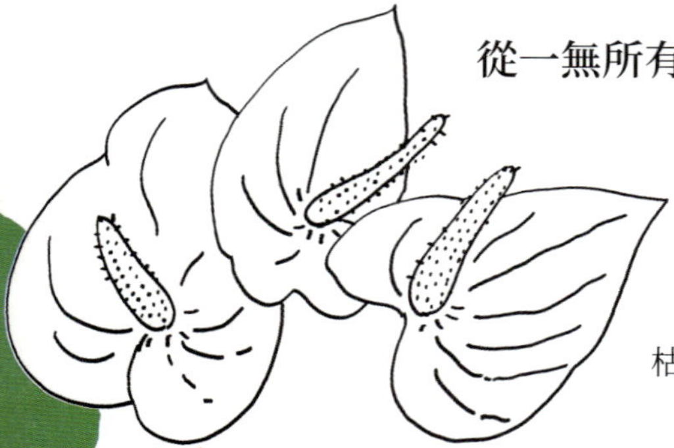

從零開始學習種植火鶴花，是相當沉重的負擔，火鶴花又極易感染葉枯病，一旦感染幾乎無藥可救。整片農園在反覆的感染與防治間不斷拉鋸，幾乎一度面臨崩散。於是，丁群展決定回來協助父親，幫家裡渡過這段艱難的日子。

二〇一六年，尼柏特、莫蘭蒂、梅姬颱風接連來襲，徹底摧毀了一大片農園的網室。接連的病害與天災，讓丁群展了解分散風險的必要，於是開始大力推動農園的轉型。首先是減少火鶴花的種植面積，將一部分園區轉為種植經濟效益也相當高的萬代蘭、腎藥蘭等花卉品種，並開始種植百香果等其它作物。尤其在百香果的種植上，丁群展利用內門氣候日夜溫差大、惡地地質富含礦物質的特點，以草生栽培涵護土壤，再搭配適當的光合菌、肥料等輔助，將一般認為最酸的台農 1 號百香果品種培養得香甜可口，農園逐步開始奠定規模。

獨家特色再創在地生機

二〇一八年正式接手後，愛貓的丁群展就將農園命名為「吉貓農園」，並與擅長設計的太太一起行銷、經營。然而，隔年，新冠疫情的席捲，再一次對吉貓農園造成嚴重衝擊。不僅包括包材、運輸的成本提高，也重挫減花卉的市場需求量，再加以匯率波動，影響外銷利潤，吉貓農園才剛剛剛重新站穩腳步，馬上面臨新一波的考驗。

面對疫情，吉貓農園採取逆勢操作。雖然主力的花卉農作受到影響，但卻看準了民眾無法出國的國內旅遊市場，利用農園開放空間的優勢，實驗性地推出環境教育、插花 DIY 體驗、焢土

窯、棚下餐桌等體驗活動，邀請親子進入農園，實際接觸火鶴花、萬代蘭等花卉及百香果，也帶領民眾認識內門溝坪盆地特殊的氣候與土壤環境。

一開始，只是想打破疫情的困境，系列化特色經營，反而讓吉貓農園的知名度扶搖直上。與此同時，丁群展也在思考：該如何讓萊仔坑、永富里、溝坪盆地、甚至整個內門更好？自從協助父親重整農園以來，丁群展留意到地方人口流失的狀況——年輕人出走、長輩快速凋零，聚落正面臨無人傳承的危機。為此，丁群展嘗試邀請在地由青年繼承或新創的業者，包括總舖師、養蜂、咖啡……推動各式各樣的異業合作。

朝向生態運作的光明前路

如今，丁群展與這群年輕的新伙伴在辦理活動時經常相互協力，例如農園體驗活動可以導入內門總舖師的文化內容。除了豐富彼此的活動內涵，也讓民眾從更多不同的角度接觸內門，為內門的觀光體驗建立不一樣的口碑；更重要的是——讓協力伙伴們相互提攜、而非單打獨鬥，讓經營效益真正擴散到地方家土。

未來，吉貓農園將會持續朝向生態農園的方向運作，在永續、經濟與地方之間尋求平衡。除了萬代蘭、腎藥蘭等熱帶蘭花外，百香果也會是吉貓農園繼續經營的重點。丁群展表示，百香果一期收成就跟人類懷胎一樣，大約需要十個月，而我們在園中看到正在孕育的，正是一個承先啟後、共好共榮的夢想！

吉貓農園目前開始以熱帶蘭花與百香果為經營的重點。

丁群展以草生栽培涵護土壤，再搭配適當的光合菌、肥料等輔助，將一般認為最酸的台農 1 號百香果品種培養得香甜可口。

情報資訊

吉貓農園

「吉貓農園」主理人丁群展，當初為了協助父親而從大學休學，與父親一起並肩奮戰，從零開始撐起搖搖欲墜的農園。雖然屢次面臨病害及颱風的衝擊，但農園終於開始逐漸穩定，丁群展也正式接手經營，且由於愛貓的關係，他和太太將農園命名為「吉貓農園」。除了農事技術外，也持續積極學習田間管理、行銷相關知識，並與周邊單位攜手合作，一同努力將旗山、內門的農產及傳統文化發揚光大。

地址 高雄市內門區永富里富田 17-3 號

電話 0911-180 073

Google Map

農作體驗

農作食材

「吉貓農園」過去主力的作物是被稱為「內門三寶」的火鶴花，但由於火鶴花非常容易發生葉枯病且無法根治，照顧不易，目前種植的主力正在向高經濟產值的熱帶蘭花如萬代蘭、腎藥蘭等轉型。此外，吉貓農園也善用內門溝坪的特殊地理、氣候環境，試種其它不同的作物。尤其臺農 1 號百香果香甜可口，加上百香果棚架下非常適合辦理體驗活動，目前也逐漸成為吉貓農園的招牌農產品之一。

手作 DIY 與遊程

1 **鮮花體驗：**包括園區熱帶蘭花導覽解說、插花手作體驗、專屬點心與飲品等。

2 **田園餐桌日：**吉貓農園最具特色的冬日季節限定（12 月起至隔年 3 月）活動。包括百香果園導覽及土壤環境解說的食農教育活動、焢土窯雞及百香果棚下餐桌午餐饗宴、火鶴花插花體驗等等，也接受包場客製活動。

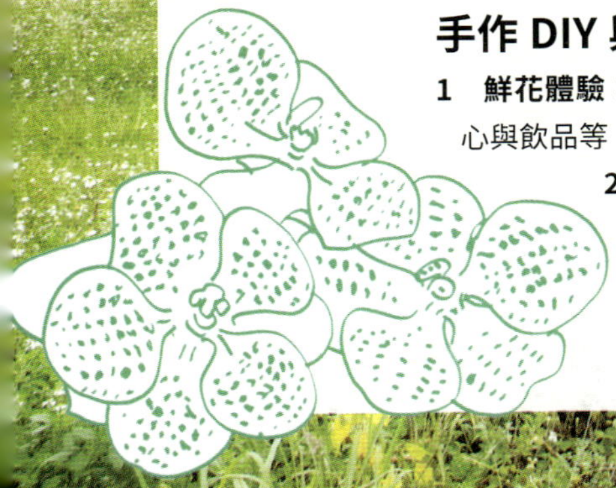

老
老平的家

羊肉爐配咖啡的微妙滋味
雞鳴狗叫的樂活哲學

陶依玟／文．李阿明／攝影

可以用半天來這裡輕旅行，體驗田野生活，老三咖啡館遠離塵囂，在開放式庭園中，迎著徐徐微風，品嘗著農家自養自種的原型食物烹煮出來的道道佳餚，啜飲館主親手沖泡的香醇咖啡，沒有用餐時限，無須形色匆匆，全然地享受慢活，而旖旎山色，農家野趣，與動植物的親密接觸，也是孩子們視覺、聽覺、嗅覺、味覺和觸—壓覺五感體驗最佳的自然教室。來這裡，盡情享受大自然的洗禮，緊繃疲憊的身心靈，可以放鬆紓緩，是偷得浮生半日閒的好地方。

左：老三咖啡館是藏身山林中的秘境。
上：咖啡館本來只是館主羅玉厚和夫人陸麗貞退休後回鄉務農的日常所在。

農家生活轉型私房秘境

名為咖啡館，老三咖啡館其實是個自己養雞養鴨、栽種蔬菜水果的樂活農家，本來此地只是館主羅玉厚和夫人陸麗貞退休後回鄉務農的日常所在，偶爾招待朋友、分享美味，沒想到口耳相傳、近悅遠來，來客愈來愈多，「沒辦法，沒有預約，我們的食材會來不及準備」，因為只有夫妻兩人負責打理一切，無菜單料理的食材都是蔬果園裡現摘、自由放養區現捕的，採預約制，希望來客們都能享受到最完備的招待。

老三咖啡館位於內門區內興里，並不是一般旅遊的慣行路線，屬於藏身山林中的秘境，在前往的路途上，還可以看到刻畫

著西拉雅故事的馬賽克裝置藝術。老三咖啡館是由舊的羊舍改建，宛如歐式鄉村小屋的布置風格，有自產自烘的龍眼咖啡，也有龍眼乾、龍眼花蜜等伴手禮。館主夫人陸麗貞解釋，內門屬於烏山山脈、海拔較低的丘陵地形，內門本就是龍眼故鄉，到處可見龍眼樹，而將咖啡樹栽種於龍眼樹下，由於花開時節相似，蜜蜂相互授粉，烘焙後的咖啡豆風味獨特，尾韻帶有淡淡的龍眼乾香氣，龍眼咖啡之名便由此而來。

羊肉爐與咖啡的絕配

羊肉爐是老三咖啡館最初的隱藏版美食，原本只是想招待風塵僕僕來到這裡的友人，於是羅館主端出拿手絕活羊肉爐，讓大家飽腹暖肚。原來，羅玉厚回鄉之前，就是在高雄市做羊肉生意，而羅家在內門當地以前也是養羊人家，羅館主處理的國產溫體羊肉完全沒有腥羶味， 湯頭順口芬芳，深受熟客歡迎，後來大家都知道，來老三咖啡館就是要「羊肉爐配龍眼咖啡」，來客日增之後，才又做起了合菜，脆皮烤雞、薑黃麵線以及各式羊肉料理都是招牌好菜，而入菜的蔬果也都以自然農法栽種，當季有什麼蔬果，客人就吃什麼。

經營了八年，客群也累積不少，現在幾乎天天滿客，也有團體包場吃 buffet，因為坐在半露天的前庭，喝著咖啡，遠眺烏山山景，不管是聚會聊天，或者靜靜放空看著遠方青空，微風徐徐，白雲飄逸，耳聽蟲鳴鳥叫，非常的紓壓。

活色生香的鄉野體驗

至於餐後的田野體驗，又是一場驚喜——近兩甲的幅員，都是羅家人的地，荔枝、龍眼、洛神花、香蕉、火龍果、波羅蜜、咖啡、薑黃、高麗菜、金針花、山芋頭、蒜苗等數十種作物，客人可以隨意閒逛，主人若有空也會進行導覽，如果來的是時候，也可以體驗芭樂、火龍果採果樂趣。園區內飼養了近百隻雞、鴨、鵝，還有好幾條看家犬，整座園區雞鳴、鵝叫、狗吠聲此起彼落，好不熱鬧。每到下午時分，主人會放這群禽類自由行動，有趣的是，這些放山雞放山鴨也不會迷路，記得準時回家。而園區內也有養羊，遊客們可以近距離與羊隻互動。

當厭煩了擾攘塵世、想一洗身心疲憊時，「老三咖啡館」絕對是偷得浮生半日閒的好去處！

上：路途上可以看到刻畫著西拉雅故事的馬賽克裝置藝術。
下：老三咖啡館的自產蔬果。
右：館主羅玉厚餵自養的羊，園內同時自養其他禽類。

情報資訊

老三咖啡館

一個可以同時享受賞景喝咖啡與體驗農家採摘蔬果樂趣的田野秘境。「老三咖啡館」以龍眼咖啡和羊肉爐名聞天下，有提供合菜服務，食材皆為園內採摘，自然農法栽植，健康美味。因人手有限，採預約制，40 人以內可包場。

地址 高雄市內門區內興里土庫 12 號

電話 07- 6681156

Google Map

農作體驗

農作食材

園區種植芭樂、木瓜、薑黃、龍眼樹、番茄、洛神、破布子、水果玉米與各種蔬菜，若要採買，可先電洽詢問節令蔬果品項。

文化體驗

從台 3 線往北，有山尾埤登山步道，台 3 線往南，有內門木柵吊橋、石厝登山步道，或是前往「集穡室快樂農場」，可深度了解西拉雅文化和體驗手作 Tarau 傳統麻糬、古早粿、紅藜手工餅乾、手工皂、竹編、馬賽克拼貼、植物染等各式 DIY 課程。

帶路導覽

1、山尾埤登山步道：位於高雄市內門區內興里（台 3 線 390.5K 處），整個步道是由混凝土鋪設而成，坡度高，步道長，夏天較無林蔭遮蔽，適合冬天前往。
2、石厝登山步道、木柵吊橋：木柵吊橋是內門八景之一，位於木柵教會附近山腰，遠望如同繫在兩個山頭間的銀絲，是石厝登山步道的一大特色。
3、集穡室快樂農場：有傳統與創新風味餐及午茶（含無菜單料理、咖啡與在地農作果乾）、提供現採有機蔬果及在地文化導覽，如馬雅各宣教、湯姆生影像、西拉雅文化、植物環境等深度導覽，亦有各式手作體驗課程

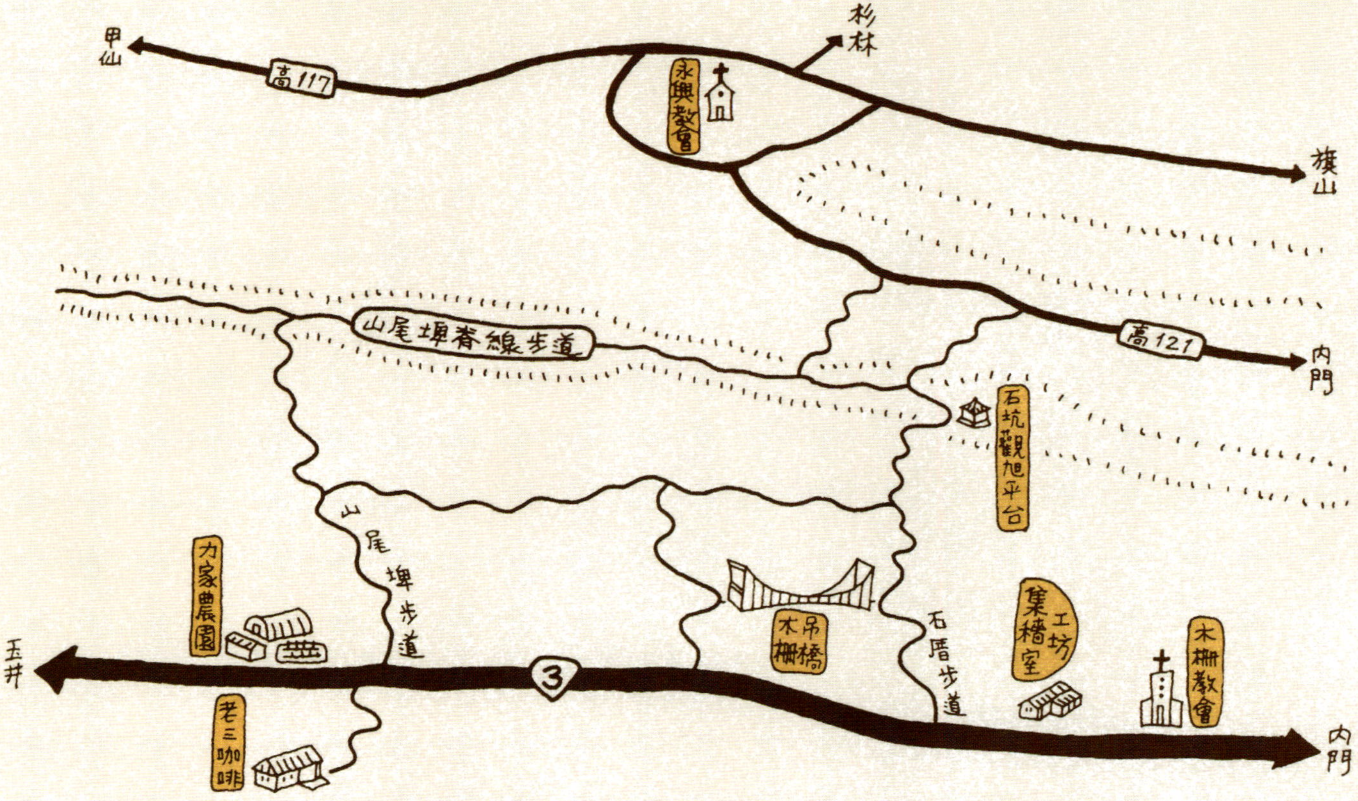

1-3

美濃溪 — 美濃

❶ 夏澄藍衫

❷ 幸福甜舖

❸ 水雉棲地

❹ 草澤精啤 · 花酵

❺ 柚仔林合和學堂

❻ 搖籃咖啡 × 惠如小屋

❼ 有間書店

❽ 茶九書屋

❾ 茶頂山古道

至杉林
181
幸福甜舖
黃蝶翠谷
竹頭角
九芎林
水雉棲地
橫
溝
至龍肚
美濃湖
花酵
永
安
路
惠如小屋
搖籃咖啡
柚仔林合和學堂書店
水底坪溪

美濃湖區種植水蓮情景。

導讀

從過去為未來找路

一方水土，養一方常日恆長

林芷琪／文・蘇福男／攝影

美濃在三面環山的一片阡陌縱橫間，有大大小小的水流匯集交錯。

一方水土養一方人，美濃湖邊、美濃溪畔和水圳旁，正有人致力於找回再現街路景貌、多元生態及發酵飲食文化的風華。

野蓮田片片的美濃湖區，吸引了飛姿優雅的水雉復返棲息，「美濃湖水雉棲地」的多方有志人士，透過與野蓮農合作，逐步達成互益與永續。而沿著美濃溪發展的街區上，有「花・酵 YEAST」從啤酒出發，以客家人擅長製作發酵物的特色為軸心，推出一系列使用本土農產自釀而成的草澤品牌精釀酒，也提供從自製的醬菜漬物發想的無菜單料理；「瀰濃夏瀅藍衫」維持傳統藍衫的文化要素，並加入當代審美設計，提供出租和預約訂製服務，讓更多人有機會穿上藍衫，在美濃各處留駐日常風景；「幸福甜舖」珍視來自於大地順應季節的食材，在麵包製作和每一次的消費互動中，傳遞敬重生態、農作生產和生活美學的心意。

這些人方方面面的努力，在與地方友善共好的願景下，讓傳統文化與現代美感、經濟生產與生態保育、健康追求與美味享受兩者間可能發生的衝突困境，都能尋得突破進而達到平衡的路徑。

藍衫租借、手繪手作DIY
客家文創服飾
慧眼巧手創藝
雯華璀璨客滿堂
租
穿藍衫

將藍色風華在街區盛開

瀰濃夏澄藍衫的舊日流光

謝沛瑩／文・鍾舜文／攝影

有一個說法是，美濃庄古名「瀰濃」，正是因為此地水文豐富，以務農為主的居民汲用不絕。溪流與水圳夾起的一塊塊沃土中，長出了蓬勃發展的聚落、儉樸而充滿活力的客家精神。瀰濃夏澄藍衫便坐落於開發最早的永安老街、及美濃行政中心之間。

「客家藍衫推廣這種事，就沒有投資價值也沒有報酬率啊（大笑）。」瀰濃夏澄藍衫創辦人林慧雯笑道。她給我的第一印象犀利而豪爽，也確實第一句話就嚇倒了我——「最初目標就是不要讓東西流失掉——不管是客家獨有的文化、還是我已經買下去的材料。結果一不做二不休。」

左：林慧雯在十三年前回美濃，把老家整理成工作室。

左下：除了藍衫，林慧雯也設計各種客家概念織物，從小配件到家飾品應有盡有，其中不乏需要複雜手工的工藝品。

拼接傳統元素與現代工藝

藍衫是客家婦女傳統服飾，又稱「長衫」、「大襟衫」，衣長及膝，大多使用藍色或黑色的布料。老祖宗用智慧設計了方便工作的種種樣式，但林慧雯認為最核心的元素有二：一是圓樓（領圍貼邊），寓意圓滿、也象徵家族；二為闌干（織帶花邊），上面的圖騰通常是蝴蝶（福）、太陽（祿）、松葉（壽），亦與客家女性勤儉持家，日出而作、日落而息的精神相唱和。

「但我不希望它被認為『只是傳統的東西』，要在上課或帶活

動導覽時才會穿上。」林慧雯主張，必須以當代美感標準重製，藍衫才能走入日常生活。比方說，老一輩為求工作方便，會想穿得寬鬆，但流行審美講求曲線，所以女裝剪裁也加上腰身。踏進工作室，映入眼簾的是一件氣勢十足，寶藍色裙紗如美濃溪一般奔流的新娘禮服。林慧雯驕傲地說，「找我設計衣服的最高原則，就是闌干要放上去！」接著，再根據訂製者的身型、個性，量身設計獨一無二的嫁紗；比方說有位嫁到美國的新娘，禮服就是西式剪裁的大露背裝。近年來關心文化傳承的年輕人變多，有些人在訂製藍衫婚紗時，會提到希望把禮服傳給下一代，「把客家精髓作為傳家寶的心情，讓我非常感動。」

家鄉歌謠與家傳味道的呼喚

也是同樣的心情，召喚林慧雯在十三年前回美濃開設工作室。服裝設計出身、熱愛音樂的她，原本在主持界已打出了一片天。因為被參加的客家民謠研究會推舉為總幹事，與客委會及客家文化的接觸變得頻繁，尤其跟當時的高雄市客委會古秀妃主委交流密切。「她就提議，欸慧雯姊，妳會這門服裝手藝，為什

美濃天后宮

麼不試著帶進來傳承客家工作？」就這麼一句話，錨定了回鄉全職投入藍衫推廣的決心。

「——雖然我後來也懷疑，古主委可能是為了能夠繼續嘗到我阿嬤傳下來的超美味豆腐乳，才力勸我回來的。」

林慧雯把老家整理成工作室，開張之前，已經做了一屋子產品。「本來還在擔心誰會來買，結果可能是因為門面打理得很漂亮，吸引了很多人的目光。」第一張大訂單來自在地的社區發展協會，慢慢「滲透」到臺灣各地的客家推廣相關社團，頭一次接到臺北的國小下訂傳統藍衫的時候，內心又驚又喜。

傳統設計常見紅藍配，但林慧雯更愛嘗試跳色、翻玩複合媒材，嘗試各種服飾與織品的可能。工作室滿載各種藍衫概念商品，從美濃天后宮訂製的小香火袋、餐具袋、錢包（小物當然也發揮客家勤儉精神，大量運用邊角布料），到窗、門簾等大型家飾，應有盡有。有費工的純手作，也有T恤上數位印刷的亮麗滾邊。從量身訂製到大量輸出，讓客家意象廣泛觸及不同客群。

從古厝重現老街區的藍衫風光

老家位於美濃街區的中心地帶。兒時走在這條街上，往來婦女皆身穿藍衫，美麗的藍色光影深深印在林慧雯的腦海中，「我現在想做的就是，讓很多的人來美濃可以來租衣服，然後穿著到處逛逛，目的是要找回以前的街。」因此工作室的營運重心，目前漸漸轉移到藍衫出租、手作 DIY 活動、與預約量身訂製。「可以去走街採購、可以去東門樓、可以去美濃湖、可以去舊

橋，美濃最吸引人的就是古色古香。然後我還會跟他們說可以去我家的三合院，有保存很好、很美的伙房。」林慧雯帶著我們走到一個街口外的祖厝，一面說著她串聯街坊商家的規劃。

把門鎖打開時，發出了小小的金屬碰撞聲。彷彿是早已等待著這個提示音，百年三合院的門埕如舞臺一般展開。「都沒人囉，但這個是我小時候的天地。」林慧雯感嘆地說，由操持穀糧生意的曾祖父所建、特別挑高的百年老宅，曾經是有十幾個長工的大家庭，但僅僅十五年左右無人居住，房屋就很快變得寂寥；祖先牌位各自請走之後，剩下樑柱上的字還見證著歷史與文化的痕跡。

萬幸的是，有不少關心家族記憶的子弟積極聯繫彼此，希望至少固定在節日相聚，熱絡這棟老宅，回顧伙房記憶、展望客家人家族團結的精神。因為產權有多人持分，林慧雯希望有朝一日能獲得所有人首肯修繕老屋，「但無論如何，先用門埕辦成果發表、文創市集都沒問題。」期望老文化的新創意，能如花布上的牡丹，從這裡開始盛開。

左：曾祖父所建造的百年三合院保存良好，林慧雯也希望能利用祖厝空間活絡家族感情、推廣藍衫文化。

情報資訊

瀰濃夏瀅藍衫

原本從事音樂、主持工作的林慧雯，為了讓年輕人也喜歡上藍衫、將傳統客家文化融入現代日常，回到家鄉經營藍衫工作室。目前營業項目以藍衫租借、量身訂製為主，也承接藍衫花布主題禮品小物訂製、手作 DIY 活動等。

地址　高雄市美濃區合和里美中路 95 號之 3

營業時間　週一至週日，08:30 ～ 18:00

Google Map

農作體驗

家傳深味

林慧雯除了傳承母親對裁縫的品味之外，也傳承了家族的好手藝，「林媽媽傳統豆腐乳」謹遵阿嬤傳授的美味配方，在鄉親間有不少忠實支持者。老菜脯至少要浸泡五年，還要在烈日下曬乾超過兩個月。除了煮湯、配粥都好吃，還可直接食用，如同蜜餞一般鹹酸甜，香氣十足，食畢口中回甘。

走逛老街

美濃漫步

夏瀅藍衫的位置正好在美濃街仔的中心地帶，非常適合悠閒漫步，怕熱的朋友也能選擇租借藍衫風格的排汗衫，體會客家人文風情。永安老街、東門樓、美濃湖、舊橋都很適合走走拍拍。此外林慧雯也樂意帶領訪客參觀自家保存良好、建築雅致的百年三合院。

幸福甜舖

食農育成的幸福感動
掌心揉合麵包香

陶依玟／文．鍾舜文／攝影

周日的午後，劉議心在美濃農會未來超市展售她的酸種麵包，忙著與一位又一位的客人交流，這些客人中，有的一看就是同樣有環保意識的老主顧，因為是拿著保鮮盒來裝貝果的，有的是路過又回頭的新客人，詢問著各式口味，議心總是不厭其煩地說明，酸種麵包是用什麼油、什麼鹽、蔬果食材從哪來，讓客人了解這麵包的來龍去脈，「每一次交流， 就是一次食農教育」。

左：「幸福甜舖」品項多元，光是貝果就有七、八種口味，還有可頌、吐司、甜點等。

「有感」的友善美味

劉議心的「幸福甜舖」，目前沒有固定的實體店面，而是每周、六日下午在美濃農會未來超市展售，並提供宅配服務。「幸福甜舖」品項多元，光是貝果就有七、八種口味，還有可頌、吐司、甜點等，消費者對她的麵包最多的回饋就是：「吃了妳的麵包，好有感覺喔，比某某名店好吃」，這「感覺」到底是什麼？議心認為，就是友善土地、健康製作的吸引力法則。而消費者的每一口咀嚼，都是議心透過產品想要傳達的食農教育。對於客人「有感覺」的提問，議心回答的貼切直接，她說這大概就像性愛，有性無愛怎麼吃都填不了內心空虛，必須有愛，而這愛，就是菌。有好好被照顧的新鮮食材散發的菌、有好好養酸種菌、製作場域空氣中的菌、我身上的菌與精氣神……等等等，多元融合而成了麵包的愛與靈魂，這麵包就充滿好能量，

左：劉議心工作照。
右：美濃區農會未來超市場景。

讓人吃了很有感覺，滿滿感動。這就是自發的幸福。

讓瑕疵變身為甜蜜滋味

議心的產品，循生態而生，與生態結合，她抱持著對大地萬物的正能量吸引力法則，也包括對食材的態度與挑選。她對田地裡外表醜瑕的蔬果尤其疼惜，近幾年氣候環境變遷，土地與小農靠天吃飯，要產出農作物已屬不易，為什麼只因為有瑕疵就要丟棄呢？因此，她穿梭田間，收購各種格外品，她挑選的對左：美濃區農會未來超市一隅。
右：與六龜多多鳥濕地學校合作研發的香檬水錦野蜜貝果和水錦野蜜骰子吐司。

象是友善耕作，有機栽培，不刻意施肥追求糖度，只堅持完熟採收、保有最自然滋味的農戶，常有農戶會大方地要將這些市場上賣相不佳的蔬果免費送給她，議心卻堅持要花錢買，她不僅是希望不要浪費大地的產物，也希望能照顧到農民的收入，鼓勵用心種植出良善農作的農民，進而也能照顧好消費者的健康，少吃到點農藥，她的初心就是人人都能與土地友善連結。

她的產品也與在地農業結合。例如美濃產野蓮，她就研發「野蓮鹽可頌」。

而最新推出的「香檬水錦野蜜貝果」，是以六龜多多鳥濕地學校山區獨有的水錦樹野蜜為基調，清甜濃郁中蘊藏果酸、新鮮香檬葉點睛、酸種菌協奏、加入全麥 30% 提升營養穩定升糖，熱吃是香檬前味、野蜜後味，冷吃則呈現野蜜前味、香檬後味，不同吃法呈現不同的味覺體驗。另一款「水錦野蜜骰子吐司」，也是以水錦樹野蜜為基調，加入法國 AOP 萊思克發酵奶油、地產鮮奶帶出細緻，加入全麥 10% 提升營養穩定升糖。微烤後帶出焦糖蜜中的果酸，層次極為豐富。

一份對土地和食物的尊重之心

至於麵包的製作過程，劉議心更是挹注了滿滿的愛與堅持。攤位的手寫黑板上除了當天的主售口味外，只寫了「臺灣小麥、酸種」，議心表示，消費者只要看到這六個字就會被吸引過來，屬於同樣愛做麵包的行家消費者更會彼此交流，議心會跟每個來者分享如何依自己的生活來調整酸種的習性、如何跟酸種說

話，讓酸種輕易成為生活的一份子。

對於「臺灣小麥、酸種」不解其意的消費者，議心便會仔細說明，她的酸種麵包，是使用「十八麥－臺灣 100% 無添加本土小麥」，經低溫長時發酵的自養酸種麵包，風味足、好消化不脹氣、升糖指數緩慢，更富含乳酸菌與豐富胺基酸，有益腸胃，只需吃一點點就能量滿滿、飽足久久，除了讓許多人一吃有感覺成主顧，也非常符合登山旅行時輕量攜帶的備糧需求。

進行麵包製作教學時，除了和麵比例、搓麵力度、桿麵厚度、煎烤火侯等手藝傳授外，劉議心也會提醒學員維持雙手清潔、桌面乾淨和善後收拾，因為這是麵包製作的禮儀，唯有守秩序、知進退，才是對食物的尊重，對生活美學的追求，這也是議心「幸福甜舖」的核心精神。

議心也用心經營著她的斜槓人生，除了是烘焙與食農教育師，她也是位論碼師，她的正能量吸引力法則，不只要解大家對「食」之惑，也要幫忙需要的人開解人生之惑。

上：美濃區農會未來超市場景。
下：劉議心和她的幸福甜舖。

情報資訊

幸福甜舖

使用臺灣本土小麥與友善有機農作揉合出適合登山旅行便利生活的酸種麵包，販售同時也給予食農教育與生活廚藝導引，鼓勵大家走入廚房、貼近土地，好好吃來支持農業，好好愛臺灣一切。

地址　高雄市美濃區泰安里雙峰街 1-17 號

營業時間　美濃農會未來超市，每週六、日 13:00 ～ 17:00 展售

Google Map

農作體驗

家傳深味

貝果有全麥（60%）、野生藍莓、全食地瓜芝麻、屏東可可（原豆）香蕉、（無水）原汁愛文芒果乳酪、香檬水錦野蜜等口味。吐司有經典原味吐司、經典雙芝麻吐司、經典全食地瓜吐司、水錦野蜜骰子吐司等，其他還有野蓮鹽可頌、土耳其芝麻圈、義式香草馬鈴薯佛卡夏、全麥核桃小歐包、全食有機南瓜小盅、全食有機南瓜乳酪、全食有機南瓜紅豆等等。

走逛老街

美濃漫步

可前往美濃區永安路，沿路有美濃舊橋、美濃水圳、美濃水橋等觀光景點。或是到附近有粄條一條街稱呼的「美興街」，大啖粄條、炒野蓮、高麗菜封、滷豬腳、花生豆腐等在地美食。

凌波仙子野性復甦
水雉與野蓮的棲地曼波

余嘉榮／文 · 盧昱瑞／攝影

「美濃以前有很多水雉嗎？」美濃湖水雉復育工作站主任陳柏豪說道，「這是來體驗水雉生態活動的朋友，常會問我的問題，這要看這個『以前』是多久？十年前沒有、五十年前沒有，一百年前有很多水雉，為什麼呢？從臺灣堡圖看起來，百年前的美濃湖有六十公頃，那時候的美濃湖是一個長滿各類水生植物的天然淺水潭，百年來人為的開發，帶來大規模的縮減跟破壞，對水雉、對水生動植物的生命來說，這是翻天覆地的大滅絕……」

上：人物左起，劉孝伸和黃淑玫夫婦與工作站陳柏豪主任。
左：劉孝伸夫妻經營的復育棲地，成功的吸引水雉聚居與繁殖。

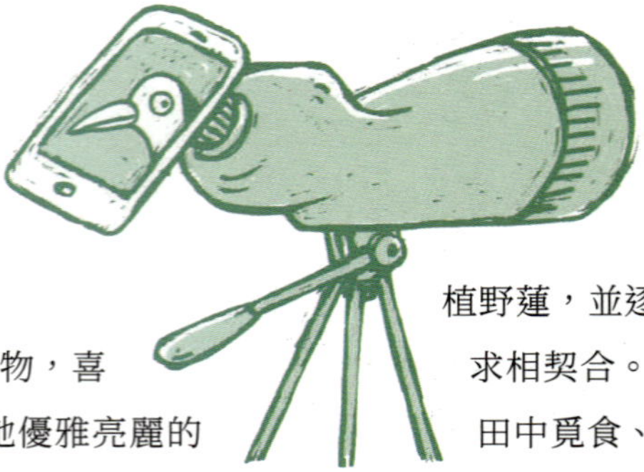

湖地變遷與野地再生

水雉是臺灣珍貴稀有的二級保育類野生動物，喜愛在有浮葉植物的水澤區域活動，因為牠優雅亮麗的體色與長長的尾羽，因而也有「凌波仙子」的美名。

以前全臺灣都有水雉的蹤跡，但是經歷了像美濃湖這樣淺水濕地的開發，水雉就回不去了！「為什麼美濃這裡的水雉有辦法回來？這其實是個奇蹟！」陳柏豪主任說：「這個奇蹟是人去創造出來的。第一階段是野蓮農、第二階段是孝伸與淑玫老師、第三階段又會是野蓮農。」

柏豪主任談到的第一階段奇蹟要從一九八〇年代說起，美濃農民開始大規模種植野蓮，尤其是在 WTO 後，傳統的菸草種植和養豬業因政策變遷而沒落。許多農民轉而種植野蓮，並逐漸意識到，野蓮池的生態環境與水雉的棲息需求相契合。水雉開始回到美濃，重新在這些經濟作物的池田中覓食、繁殖，展現出人與自然共存的可能性。野蓮的種植不僅帶來經濟收益，也重建了水雉的棲息地。

野蓮鳥再現與地方復甦之路

水雉重回美濃的第二階段奇蹟，則是由劉孝伸與黃淑玫老師所創造的。二〇一七年，孝伸與淑玫老師在家鄉美濃，用退休金租了一甲的土地經營水雉棲地。劉孝伸老師說：「年輕的時候曾經參與過官田水雉行動，那時高鐵環評決議裡面，有一個補

下：工作站陳柏豪主任熱心解說。

透過野蓮種植，重建水雉棲息地。

償破壞水雉棲地的款項，並委託包括：中華鳥會、濕地保護聯盟……等好幾個環保團體，復育官田水雉棲地。那時候我也有去幫忙，對水雉開始有感情。有的水雉吃到農藥死掉，大家又催生綠保農業與農民合作，鼓勵農民使用友善農法，讓水雉在菱田裡繁殖，後來更成功用水雉的形象結合菱角，打進全聯通路。那是個保育跟農業結合很好的案例，我覺得這件事情很值得做。」

孝伸老師夫妻倆經營的這片民間棲地，成功的吸引水雉聚居與繁殖。這樣令人振奮的行動與結果，牽動了更多關心環境生態的夥伴，二〇二〇年，有六十九位民間集資人，到現在發展成一百人。高雄市野鳥學會也與高雄市觀光局合作，營造另一區大灣棲地，並與水生植物種苗池與水雉復育工作站，交由高雄市野鳥學會於二〇二一年正式認養。柏豪主任說：

「這個過程有非常多的人參與，成為園區志工，且光今年就陸陸續續辦了三百多人次的工作假期；來美濃了解水雉的人也一直在增加，二〇二三年有三千多人次來到這裡，今年到現在（五月）也有一千五百人。而隨著環境的穩定，二〇一七年我們記錄到十四隻水雉，到了二〇二三年已經記錄到超過七十隻了！」

人與自然的再連結

水雉是臺灣重要的「保護傘物種」，意即當我們保護水

雉的棲地時，其他的水生動植物也會一同受益。美濃水雉棲地不僅種植野蓮、復育水生植物，還針對學校及家庭進行設計水雉生態教育活動。小朋友們來到這裡，不僅可以觀察到水雉在野蓮池中悠然自得的樣子，還可以透過「走繩」與槳板等體驗，讓孩子們從不同的角度認識大自然，親身感受到水雉「凌波仙子」般輕盈行走於浮葉之上的奇妙。工作站期望透過這些體驗，讓孩子們認識水雉，更學會尊重與自然共存的理念。

儘管美濃湖水雉復育園區的成功經驗令人鼓舞，但保育工作依然面臨諸多挑戰。水雉的繁殖期常與野蓮的採收期重疊，這給野蓮農帶來了生計壓力。為了解決這個問題，工作站不斷嘗試與農民合作，透過調整野蓮池內水生植物的種植時間，讓水雉在適當時期進入田間繁殖，並媒合政府與民間相關資源的挹注，建構野蓮產業行銷品牌，保障農民的收入；林業及自然保育署讓願意友善水雉的野蓮農領生態薪水，實際分紅給第一線的從業者。

此外，保護區還面臨資金短缺的挑戰。維持水雉棲地、雇用人力、購置設備都需要大量資金，孝伸與淑玫老師通過社群集資、辦理工作假期和推廣友善農法等方式，持續努力推動保育工作。期盼讓美濃成為臺灣生態旅遊的重要據點，保護水雉的行動，不僅是在挽救一個物種，更是自然環境和諧共存的實踐場域。美濃水雉保護區的行動象徵著：當我們願意尊重並與自然合作時，自然也將回報我們無窮的豐饒與生命力。這樣人與自然和諧共生的故事，不僅是美濃的驕傲，更是臺灣生態保育的珍貴奇蹟。

左：劉孝伸老師。
右：工作站以手機接單筒望遠鏡，在不干擾鳥類的前提下，遠距離拍攝與紀錄繁殖期影像。

情報資訊

美濃湖水雉復育工作站

2017 年，劉孝伸與黃淑玫在美濃湖畔租下 1 公頃窪地，種植水生植物，希望渡冬的水雉，能在夏季續留美濃，讓南臺灣多一處水雉繁殖棲地。2020 年，有 69 位民間集資人續租，出錢出力，一同維護民間棲地。2021 年由高雄市野鳥學會認養、高雄市觀光局營造的大灣棲地、種苗池與水雉復育工作站，再添一塊水雉棲地，更多了許多長期志工，一同照顧與紀錄美濃湖畔野蓮鳥。

地址　高雄市美濃區中圳里環湖路 81 號，斜前方雙層綠色貨櫃屋

免費導覽　每月第二個周六，上午 8:00 ～ 11:00，記得報名

志工服務　每周二、六，下午 2:00 ～ 6:00，歡迎來打氣

Google Map

農作體驗

結合生態智慧與保育工作的「護雉蓮盟」品牌

野蓮與水雉在相互依存的生態中，存在著矛盾的衝突——當野蓮成熟時，水面的支撐力變好，水雉才會去產卵繁殖；可是這個時候也是野蓮採收期，為了解決野蓮採收期與水雉孵化期的相撞窘境，美濃湖水雉復育工作站試驗著在野蓮採收前，在田裡栽種其他支撐力較好的水生植物，讓水雉提早產卵，水雉的雛鳥屬於早熟型，一出生就可以走路，如此一來，採收期跟跟孵化期得以順利銜接而不重疊。

理想與實踐總有著差距，復育工作造成野蓮的收成耽誤，仍使多數農民憂心忡忡。於是，鳥會志工與農民合作，成立「護雉蓮盟」，共同巡守生態田域，也聯名推出印有水雉鳥的野蓮包裝，結合濕地生態與環保觀念，讓野蓮農更具友善生態形象、提升競爭力，在生態保育與農民收益之間取得平衡。

除了「護雉蓮盟」品牌，工作站於水雉棲地辦理復育故事常態分享、望遠鏡使用教學、棲地導覽、賞鳥解說、生態認識等實體內容，另有租借溯溪鞋與走繩平衡體驗等多元活動，期盼吸引更多人認識水雉生態、關懷環境保育議題。

柑子掉落井中心，
一半浮起一半沈；
你若要沈沈到底，
莫來浮起動郎心
【鍾理和】
草澤

草澤精啤．花酵

花樹下，你識聽過冇？

酒香與花香中說故事

徐葆權／文．余嘉榮／攝影

來到美濃區的遊人，如果打算從轉運站沿著永安老街前往美濃東門樓遊覽，在經過美濃國小時，大多都會注意到斜對面「草澤精釀啤酒」與「花．酵 YEAST」的綠色招牌。這一棟前接老街、後臨美濃溪，店面不大的老屋，正是邱俊英和女兒蔡昕彧以及家人共同實踐理想的場域。

左：「草澤」利用臺灣農產品釀造啤酒，並結合在地客家文化。

酒醇馥郁在草澤

說到「草澤精釀啤酒」，若是對於南部精釀啤酒略有些研究的朋友，可能多少都有聽說過。取名自中國西晉文學家左思所著《詠史》詩中「何世無奇才？遺之在草澤。」的詩句，「草澤」也確實是橫空出世的精釀啤酒品牌。

蔡昕域說，最早大概在二〇一三年時，去英國在職進修的爸爸蔡慶修教授，在下午茶時間時，因為同事都會帶自釀的啤酒相互交換品嘗，發現自己釀酒並不算困難；之後爸爸在英國吃飯時都會點各式各樣的啤酒，也才了解到，原來啤酒的世界非常廣闊，並不是只有我們在臺灣喝得到的啤酒才叫作「啤酒」。

啤酒製作過程

麥芽
MALT
①
碾碎成粉
②
糖化
水
加熱、煮沸
③
過濾、風味
加啤酒花
麥汁
渣
④
冷卻
冷卻管
⑤
移至發酵瓶發酵
加酵母菌
⑥
裝瓶、冷藏、殺菌

花酵

草澤
Sparkling Mead
草澤

右：草澤積極使用臺灣本土農產品釀酒。

回臺後，蔡教授開始投入自釀啤酒，除了學習釀酒知識、與其它自釀玩家相互交流，蔡教授也開始思考：自釀啤酒這件事，要怎麼與在地發展結合？尤其太太邱俊英老家杉林這一帶受惠於楠梓仙溪，出產各式各樣的農產品，可說是高雄相當重要的農業區之一，而自釀啤酒是否能幫助行銷在地的農產品、提高農產品的附加價值？

懷抱著這般念頭，蔡教授第一支釀的啤酒就是南瓜啤酒，而且真的就是使用杉林出產的南瓜釀造。邱俊英笑著說，酒釀出來後，蔡教授馬上打給她說「台啤算什麼」；她本來覺得也太臭屁，但這支自釀的南瓜啤酒跟台啤喝起來，還真的非常不一樣。

夢想發酵的芬芳

蔡教授的自釀啤酒愈來愈廣受好評，不少人建議他乾脆自己開間酒廠，一家人也就真的開始投入設廠。「草澤精釀啤酒」的酒廠在二〇二〇年五月取得工廠登記、六月獲准開始銷售，由女兒蔡昕域與原本在電子業工作的張鈞閔一起主理。

「草澤」走過從自釀到設廠的艱辛，也渡過新冠疫情帶來的危機，至今仍然保有當初蔡教授開始自釀時，想要幫助農產品提高附加價值的理想，對於與臺灣各地小農合作開發新產品抱持相當開放的態度，例如屏東的香檬、苗栗的油柑

上：杉林莿仔寮地景。
中：杉林公明宮設立了以宗教書籍為主題的有機書店。
下：邱俊英以友善農法種植的稻米。

子、雲林的小黃瓜等等，草澤都曾經嘗試過合作開發產品。不過由於疫情的衝擊和初期進軍通路的不順利，使得草澤即使在邀請設計師重整品牌後，成功以一系列與客語、客家文化相關的設計吸引市集消費者的目光，蔡昕域還是認為需要一個讓產品能夠直接面對消費者的固定場域，爭取更多的曝光。

此時剛好美濃永安路上，美濃國小斜對面的店面空了出來，草澤也就進到了這個空間。不過一家人對場域的想像並不僅限於啤酒，而是從啤酒作為「發酵品」這點延伸出來，與客家人擅長製作發酵食品的地方特色結合，嘗試讓整間店圍繞在「發酵」這個主題之上。正好店面坐落的地段這一帶，由於過去道路拓寬前種滿開花的樹而被稱為「花樹下」，讓邱俊英認為這間店是「花樹下以發酵為主題」的一間店，於是將店名取為「花．酵 YEAST」。

「花．酵 YEAST」於二〇二四年二月正式開幕。在草澤的啤酒外，也設計了與啤酒搭配度高的菜單，並將親手製作的各式發酵產品入菜。除了餐點與啤酒，「花．酵 YEAST」也更是她推廣「發酵」的基地。並走入學校與社區，與學生或社區居民分享、討論發酵品的知識與議題，甚至未來可能還會結合老家杉林正在推動的「有機書店」，在「花．酵 YEAST」也設置以發酵為主題的有機書店據點，承作為發酵知識的交流平臺。

看來在「花．酵 YEAST」這個場域裡，確實還有許許多多的事情正在「發酵」。

地方書店

花・酵 YEAST

位在美濃永安老街上的「花・酵 YEAST」結合草澤精釀啤酒、邱俊英手製的發酵產品以及搭配的輕食，是傳統美濃老街上少見的創新組合。目前除了用餐空間外，其它的空間還在整理規畫中，未來也計畫設置有機書店據點，是東高雄將來重要的「發酵」文化空間。

地址　高雄市美濃區泰安里永安路 201 號

營業時間　星期三、星期日，10:30 ～ 18:30

星期四至星期六，10:30 ～ 20:00

Google Map

農作體驗

文化符碼

「草澤」積極使用臺灣本土農產釀酒外，更為了把客家文化帶入產品，而以客家話作為氣泡酒的酒標，達到推廣客家話的目的。而在「花・酵 YEAST」店裡的餐點也使用手製的客家傳統漬物，另有客家藍染的體驗推廣，是可以用五感體驗客家文化的有趣場域。

客家漬物

「花・酵 YEAST」除了精釀啤酒外，邱俊英手作的漬物也是一絕。邱俊英的漬物繼承客家傳統，一般常見的豆腐乳、鹹菜、破布子當然不在話下，而以美濃白玉蘿蔔醃漬的醃蘿蔔、蘿蔔乾、蘿蔔絲或是杉林麻竹、刺竹筍製作的醬筍，更是邱俊英的拿手好菜。「花・酵 YEAST」的輕食餐點也選用了邱俊英手製的漬物入菜搭配，絕對是不容錯過的好滋味。

書店散步

杉林有機書店—發酵主題館

「花・酵 YEAST」在邱俊英的規畫中，將做為「杉林有機書店」的其中一個據點，選書將以「發酵」為主題，並將辦理相關的講座、體驗活動，發揚漬物與釀酒的文化。雖然目前尚在籌備中，但非常值得期待！

柚仔林合和學堂書店 Gifu Books
——老街新生讀書夢

朱珮甄／文．謝孟洋／攝影

美濃永安老街上的柚仔林合和學堂書店，除了臺灣漫畫、小說、散文類書籍外，更有鄉鎮書店少有的日文與英文書籍。

柚仔林合和學堂書店，除了是販售文字和推廣閱讀的地方，它更可以成為農村社區裡居民相互交流、觀光客歇腳休息的地方，能在小鎮上安然靜心的渡過一天。2024 年，柚仔林合和學堂書店 2.0 版，從老街重生新貌，書香與人情都醞釀於高齡七十年的老屋裡，來到此屋，便能愜意與紙本書消磨人生閱讀時光，有如記錄美濃客庄文化的基地，未來將開發小型音樂會、讀書會、餐飲等項目。

找店　高雄市美濃區泰安里永安路 102 號
找人　0981-031013
開店　11:00 ～ 17:00（實際營業時間依官方 FB 粉專）

Google Map

搖籃咖啡 × 惠如小屋
——繁忙處的一方清淨

朱珮甄／文．謝孟洋／攝影

搖籃咖啡位於美濃的交通要道，百年前這裡是美濃最熱鬧的經貿區域，如今成為搖籃咖啡所在地，有時我們也稱它為美濃文創中心，而今是美濃鎮上閱讀、休憩、接待遠道來訪朋友的地標。走進由薛伯輝基金會經營的搖籃咖啡，會同時聞到檜木與咖啡香氣，不需要冷氣就能直接安撫因酷暑而躁動的情緒。

搖籃咖啡藏書超過千冊，臺灣文學、長照及高齡照顧、繪本等，都是由擔任薛伯輝基金會執行長蔡瑛珠的精心挑選。此處也經常辦理兒童繪本閱讀與藝術學習活動，完全呼應臺灣高齡社會的現況。呼應著農村生活作息，搖籃咖啡在晚上六點後打烊，但仍會在夜裡留下一盞燈，照亮晚歸人的路程。

找店　高雄市美濃區泰安里永安路 212 號
找人　07-6819625
開店　週一至五 10:00 ～ 18:00、週末 09:00 ～ 18:00

Google Map

有間書店——如果這裡有書燈

崔舜華／文・謝孟洋／攝影

美濃這座小鎮，似乎與紙特別有緣份，除了地方特色的紙傘工藝，更有飄送紙墨香氣的一間書店——有間書店。在地人若是想找一個可以悠謐讀書、眺看風景、鬆弛緊繃神經的空間，那就是位於三合院之內的有間書店，店主人朱毓芬長期參與社會運動，而她的家鄉美濃，即是臺灣反水庫運動的先驅，也是朱毓芬在外地奔走的 BGM（background music），時時提醒著像她這樣的美濃遊子，一字一句慢讀故鄉風土的重要性。有間書店內的選書品味，毫不掩飾地砌成店門推開、便迎面撞見的整面書牆，包括全臺各地獨立刊物（小誌 Zine）、客家文化的相關書籍、鄉土作派的音樂作品等等，令人驚嘆不愧為美濃在地首家書店的、拉拔地方閱讀風氣的「扛壩子」。

書店中的人際流動性也很親密，是鄰里閒時來點閱新書、返鄉族回頭讀識在地文史的首選所在。號稱「博士之鄉」的美濃，出產傲視全臺的博士數量，而朱毓芬則因為「如果這個地方有間書店該多好」的起心動念，從一開始的純粹分享藏書，到逐步地從私家書塾走向書店型態，一路走來人情冷暖，更堅定當初選擇創辦書店的決心。隨夜幕降臨，書燈遂亮起，照亮傍晚圖書館拉下鐵捲門後的城鎮風景，也暖融了地方上愛書人久旱的心。

找店　高雄美濃區獅山里中華路 103 號
找人　0982-008223
信箱　bookstorearound@gmail.com

Google Map

茶九書屋——被伯公守護的山中書屋

朱珮甄／文．謝孟洋／攝影

茶九書屋位在茶頂山古道的途中，茶頂山腳下是龍肚重要的生活聚落。隨著時代變化，居民遷徙，栽種的茶樹面積也日益減少，過往的生活路徑，如今成為在地人的登山步道。

伯公是當地客家族群重要信仰，從茶頂山步道龍肚端入口，張倩說這些年在美濃推廣親子共讀學習課程頗有展獲，這段日子裡，是伯公陪伴著她、守護著她在美濃的生活。

張倩，茶九書屋的創辦人，結合閱讀、寫作、美術創作、野外探索的親子共讀課程，為偏遠農村帶來一股新的學習模式。書屋不僅是陪伴孩子，其實也在陪伴家長，讓家長從中發現孩子的優點，再透過鼓勵的方式，提高孩子的學習意願，繼而找到改善親子關係的開關。她表示「我們會從閱讀中引導孩子們去想像，用文字或圖像的方式把想像的畫面寫下來或畫下來，以此提高孩子們的自信心，讓他們知道除了念書考試，同時是可以去追求自己喜歡的事情。」在書屋裡，家長不是來等孩子下課的，他們須一起融入並觀察孩子的學習。

2024 年的茶九書屋進入第十一年，張倩除了繼續在美濃經營書屋之外，也將回到教育學校進修，希望將十多年的教學經驗做完整的研究，也為書屋接下來的第二個十年做努力。

找店　高雄市美濃區龍肚里茶頂街 9 號

找人　0952-616990

Google Map

茶頂山古道
——南臺灣淺山茶葉種植的重要文化路徑

朱珮甄／文

淺山地形的美濃，是南臺灣最適合登山入門初學者走訪的場域之一，標高四百多公尺的茶頂山古道，位在美濃區龍肚里，不僅享有交通與生活地利之便，縱使坡度變換較為急遽但仍深受愛好戶外運動的健走人士所喜愛。

位在茶頂山的天雲宮是美濃當地海拔高度最高的寺廟，沿途爬升至三角點前都能欣賞美麗的美濃平原地形。建廟超過一百年的時間，是早期居住在此地美濃人重要的信仰聖地，而今也隨著步道運動人口的增加，天雲宮更成為茶頂山步道的中途休息點。

現今的茶頂山古道仍隨處可見茶樹成群，但相較於全盛時期的數量已然減少至少九成，且除寺廟外已無一般居民居住。從當地耆老口中得知，茶頂山聚落鼎盛時期多達百戶人家居住，茶樹滿山坡，因下山一趟路途遙遠，聚落住戶也都自行畜牧，在水流東聚落[註]舊址甚至有明顯的豬舍痕跡，可想見當時聚落的鼎盛風貌。

註：水流東聚落為當時茶頂山主要人口居住區域，因聚落中主要的水源是向著東方而流，故聚落取名為水流東，旁邊的伯公也稱之為水流東伯公，除步道入口的茶頂山伯公外，至今仍有居民固定上山祭拜水流東伯公。

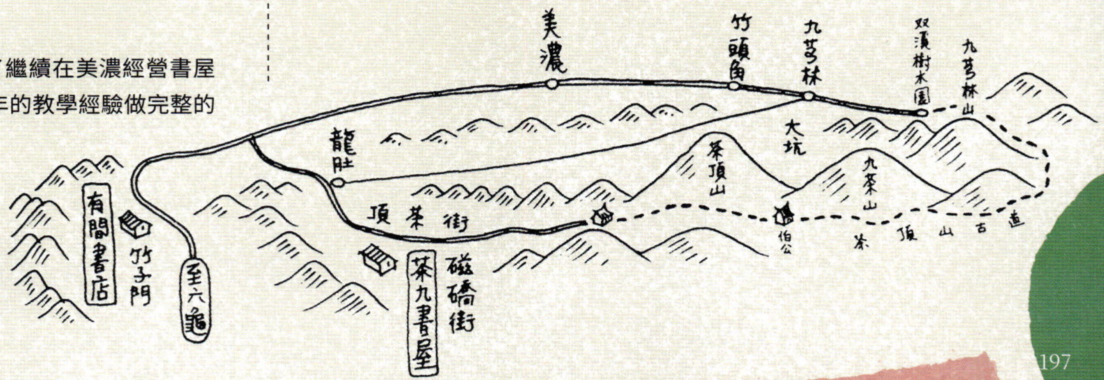

2-1

荖濃溪

——桃源、六龜

至美濃
至高樹
謝福興
木屋冰品
新寮
28
新威
27
荖濃溪
茂林
濁口溪
萬山
得恩谷
多多鳥
木木相思書屋
六龜
三井腦館
枋寮古道
至金興
新發
新開

❶ 獵人學校—海舒勒

❷ 茗濃文化工作室

❸ 多多鳥濕地學校

❹ 木木想書屋

❺ 步道師—謝福興

❻ 木屋冰品

荖濃溪

導讀

河域就是教室

族人口傳的仙境傳說

蘇福男／文・賴以博／空拍

布農族人口中的荖濃溪（laku laku），意指「兇猛不定的河水」，從發源地玉山東峰啟程，就沿著中央山脈一路奔流，展開長達百餘公里驚險又刺激的旅程，一如當年布農族的老祖先從臺東當地翻山越嶺、跋涉千里幾經輾轉遷徙到桃源拉芙蘭部落的艱辛歷程。首先凝目於回到拉芙蘭部落教書的海舒勒，為讓布農族年輕一代重新認識並珍惜部落傳統，特別是狩獵文化，創辦獵人學校，以拉庫斯溪（Lavulang）流域為教室、祖先智慧為教材，一肩扛起傳統文化復振的使命。

轉移鏡位——拉芙蘭部落下方的六龜荖濃大武壠族，先祖原居臺南玉井一帶，清領時期受到西拉雅族移動影響，往東向深山遷徙，翻越阿里山山脈，進入原屬卡那卡那富族、拉阿魯哇族的領域，部分族人在楠梓仙溪河階的甲仙小林、阿里關一帶落地生根，芒仔芒社先人則繼續沿著杉林枋寮一帶翻越玉山山脈，輾轉來到群山環繞的六龜荖濃溪畔落腳。人稱「大武壠通」的潘鳳英耆老，二〇二〇年與夥伴們組成「荖濃文化工作室」，以約翰・湯姆生文化路徑為主軸，設計走讀文化體驗等行程，致力大武壠族文化的復振與推廣；若沿著荖濃溪再往下游走，隱身六龜扇平林道的「多多鳥濕地學校」，則是六龜女兒吳憶萍返鄉侍親，家園卻意外遭遇莫拉克風災重創，而在重建過程中，譜寫出一段段關於自然、人與土地共存的、笑中有淚的故事。

世居六龜新威客庄的謝福興，從小跟著父祖輩在荖濃溪畔農作，順應荖濃溪周邊環境而發展出砌石工法與在地智慧，且不忘提攜後代，持續教授工法技術，並將傳統砌石運用在現代「河溪治理工作」，帶動自然環境遭破壞與修補的反思，榮獲「第四屆榮譽步道師」的殊榮；也是六龜新威女兒邱驛涵，在離鄉背井打拼多年後，決定返鄉照顧雙親，在老家開設「木屋冰品」，與在地小農友善合作，採自當地農作以親手醃漬釀製的蜜橄欖、胭脂梅，源自親情的冰涼甜蜜，並於二〇一五年入選為高雄客家文化品牌「好客山農」特色商品。

遊河踏山之間，不難發現這趟荖濃溪流域行旅處處有驚奇，不僅有說不完的各族群文化復振史，更滿溢著返鄉子弟為鄉土打拚的動人記事。

獵人學校—海舒勒

從文化喚醒到產業發展

海舒勒的部落創生夢

余嘉榮／文．鍾舜文／攝影

布農族人海舒勒（Haisul Ispalavi）在屏東師專求學時離開了部落。然而，他始終放不下部落文化的消失。離鄉在外的經歷使他更關注文化的保存。一九七〇年代臺灣興起本土化運動，原住民的文化覺醒也逐步發展。海舒勒回到母校樟山國小教書，並在自我反省與成長過程中創辦獵人學校，致力於讓布農族男人學習成為獵人，期望他們能在部落、家庭和社會中成為有能力、可靠的人，並重拾與傳承布農文化。

左：右側的山是獵人學校的所在。

左：往返拉芙蘭部落路徑與山景。

文化復振與現代化挑戰

「我念的師專是教師的養成教育，可是在那個時期原住民學生是非常惶恐的。因為我們學的東西都是漢人的或是西方的文化。」海舒勒說道。

當年，政府推動山地現代化，致使原住民族群的傳統文化逐漸消失。那段時期，原住民的教育非常缺乏對自己文化的認識與重視。這種文化的疏離感在他的教學生涯中尤為明顯，於是心中萌生出對傳統文化復振的使命。

回到拉芙蘭部落之後，海舒勒一直在思考，如何著手文化復振？「回來部落，兒時的記憶就浮現了。父親或長輩會帶我們去狩獵，在探索的過程之中，狩獵是全面性的訓練學習，包括怎麼跟大自然搏鬥、跟動物之間的互動，我覺得這個東西是非常的珍貴。」

由於目標是讓布農族年輕一代重新認識並珍惜自己的傳統，特別是狩獵文化，於是創辦了獵人學校。

獵人的誕生與養成

獵人學校的場地是在拉庫斯溪流域（Lavulang），以自然場域為教室、祖先的智慧為教材。「對於布農族的男人而言，成為獵人不僅是一項技能的學

習，更是一種文化的承傳。過去那些長輩也不會跟你探討狩獵文化，他們只會帶著你，在山林裡面怎麼樣有求生的技能、並嚴守一些禁忌。這些經驗不僅涉及狩獵技巧，更蘊含了與自然共存的智慧。」

獵人學校成立之後，海舒勒透過營隊操作的模式，訓練年輕人學習如何在自然中生存，並且理解狩獵的文化意義。同時，獵人學校也向非布農族的漢人開放，讓他們有機會體驗布農族的文化生活。儘管這個計劃因為後來海舒勒投身政治而中斷，然而，這些年來，他始終心繫著如何讓這些知識繼續傳承下去。

狩獵文化的泛靈之美

布農族的狩獵文化蘊含著深厚的泛靈信仰。他們相信所有動物、植物，甚至石頭，都擁有靈魂。狩獵並不是單純的捕殺，而是天神允許人類去取得食物的過程。因此，布農族人在狩獵後會向動物的靈魂表示感謝，將其頭骨掛在祭屋，並在射耳祭中進行祭拜。

布農族也有嚴格的狩獵禁忌，例如不能打雲豹和老鷹，因為這些動物具有特殊的象徵意義。而獵人出行前會透過鳥占或夢占左：海舒勒的拉芙蘭部落廚房。

來確定是否適合出獵，海舒勒說：「我們如果要去山上，遇到「百古哈達」這種鳥（畫眉鳥的一種），他是由右往左飛，那我們就要停！不能再前進了，可能會有不好的事情發生。另外就是夢占，我們認為動物是夢來的，做不好的夢，像是跌倒啦、傷心啦，都是不好的夢；而夢到有東西掉下來是好的，象徵獵物被打下來。所有夢境中的指引都被視為是天神的啟示。」

結合文化與政治實踐

做為部落的代表，海舒勒同時關心土地和經濟議題。他認為，原住民族的傳統領域應該回歸部落使用，並且

希望透過各種方式提升當地的產業競爭力。他指出，部落的年輕人多數離鄉外出，因為山區傳統產業難以滿足現代經濟的需求。當地的農業雖然有潛力，例如愛玉、薑、梅子等農產品，但行銷和經營方式落後，無法與外界競爭。海舒勒強調，部落產業的發展，需要引進現代農業技術，如矮化梅樹和肥料補助等，幫助部落農民提升產量和品質，並且結合文化與生態旅遊。他認為，部落具有豐富的自然資源與原住民文化特色，可以吸引遊客體驗。然而，旅遊業目前被山下的旅行社壟斷，部落居民只能分得一小部分利潤。他期盼未來能夠通過交通改善和文化活動推廣，讓部落的產業能夠發展的更加順利。

從文化到政治，海舒勒認為，這是布農族男人實現自我成長的兩條平行路徑。狩獵讓他們學習與自然共存的智慧，而政治則是為了保護和發展部落資源的實踐。他堅信，好的獵人未必是領袖，但好的領袖必須具備獵人的智慧和勇氣。

上：往返部落間的行動菜車。
中：以紅肉李醬與梅子醬作為佐料。
下：山豬肉樹豆湯。

文化符碼

獵人學校

獵人學校是一個布農的男人要成為獵人的一個學習。在布農族的傳統文化裡，父親或長輩都會帶著孩子去狩獵，在探索的過程之中，讓孩子知道原來狩獵就是觀察大自然習性的訓練與學習。人怎麼在山裡面跟大自然搏鬥、跟動物之間的互動，從而尊重生命，並從中體驗祭典禮儀與文化禁忌從何而來。因而充滿生機的獵場，其實也是布農族人訓練人格發展與傳遞智慧的場域，透過這樣傳統文化養成的過程，讓孩子們知道文化和自然相互依存的關係，並且啟發男人對自然的情感、對部落的責任，延伸出對社會道德規範的維繫，成為一個可以在部落、在社會、家庭 .. 可以被依靠，有能力的男人。

情報資訊

索阿紀吊橋與拉阿魯哇族聖貝祭

猜想應該少有人知，桃源區的桃源里以及高中里是以「拉阿魯哇族」為主要居住人口，在日治時期被歸類為鄒族的「拉阿魯哇族」，已於 2014 年正名為臺灣原住民族中的一族。過去這片位於荖濃溪東岸，塔羅流溪河口的臺地曾經有排剪社、美壟社、塔臘社、雁爾社四個部落分布著，如今族人皆已搬遷至高中里。橋臺座以山豬圖騰為造型、主索塔柱彩繪著熊鷹羽毛的「索阿紀吊橋」是高中里通往舊美蘭部落的要道，「索阿紀」是美蘭部落的原住民名稱，似乎隱隱象徵著這是一條族人回家團聚的文化傳承之橋。

「聖貝祭」是拉阿魯哇族的重要祭典，其中「拋貝奪福」的儀式最為重要。以聖貝祭象徵生命之火，每顆聖貝都有不同的意涵與其帶來的祝福，「聖貝祭」既莊嚴又激烈，展現拉阿魯哇族人的凝聚力，以及尊敬天地神靈的信仰精神。

農作體驗

拉芙蘭部落

拉芙蘭部落是進入南橫公路與玉山國家公園前的重要節點。海舒勒老師表示：布農族的老祖先從臺東遷徙來到這裡的路線有兩個系統，一個是霧鹿、一個是利稻。先民翻過大關山之後，原先散居在拉庫斯溪流域 Lavulang 一帶。南橫公路開通後，部落族人慢慢從舊部落遷移至現在部落的位置，1998 年從樟山村更名為梅蘭村、2010 年正名為拉芙蘭里，「拉芙蘭」即是取自拉庫斯溪地名「Lavulang」的發音。

愛玉、薑、金煌芒果、梅子以及紅肉李是拉芙蘭主要的經濟作物，近幾年因著南橫公路的開通，因應觀光旅遊需求而來的民宿與餐飲業也因運而生。未來部落希望可以設計專屬的拉芙蘭遊程，融合布農族特有的文化、八部合音、工藝 DIY、釀酒生活體驗、獵人學校等元素，發展部落觀光產業。

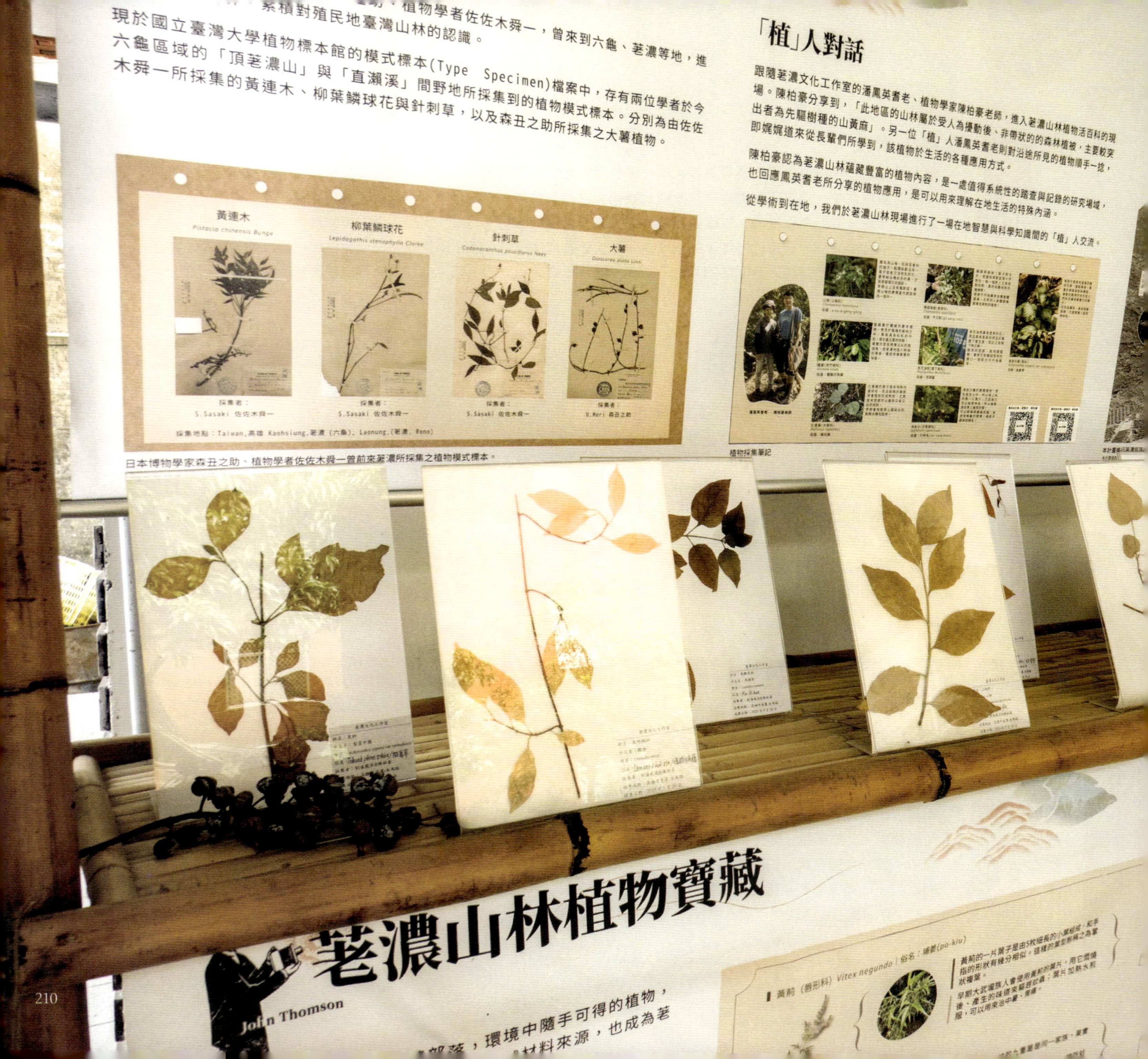
植物學者佐佐木舜一，曾來到六龜、茗濃等地，進
累積對殖民地臺灣山林的認識。
現於國立臺灣大學植物標本館的模式標本(Type Specimen)檔案中，存有兩位學者於今六龜區域的「頂茗濃山」與「直瀨溪」間野地所採集到的植物模式標本。分別為由佐佐木舜一所採集的黃連木、柳葉鱗球花與針刺草，以及森丑之助所採集之大薯植物。
黃連木
Pistacia chinensis Bunge
採集者：
S.Sasaki 佐佐木舜一
柳葉鱗球花
Lepidagathis stenophylla Clarke
採集者：
S.Sasaki 佐佐木舜一
針刺草
Codonacanthus pauciflorus Nees
採集者：
S.Sasaki 佐佐木舜一
大薯
Dioscorea alata Linn
採集者：
U.Mori 森丑之助
採集地點：Taiwan,高雄 Kaohsiung,茗濃（六龜）, Laonung,(茗濃, Rono)
日本博物學家森丑之助、植物學者佐佐木舜一曾前來茗濃所採集之植物模式標本。
「植」人對話
跟隨茗濃文化工作室的潘鳳英耆老、植物學家陳柏豪老師，進入茗濃山林植物活百科的現場。陳柏豪分享到，「此地區的山林屬於受人為擾動後、非帶狀的的森林植被，主要較突出者為先驅樹種的山黃麻」。另一位「植」人潘鳳英耆老則對沿途所見的植物順手一捻，即娓娓道來從長輩們所學到，該植物於生活的各種應用方式。
陳柏豪認為茗濃山林蘊藏豐富的植物內容，是一處值得系統性的踏查與記錄的研究場域，也回應鳳英耆老所分享的植物應用，是可以用來理解在地生活的特殊內涵。
從學術到在地，我們於茗濃山林現場進行了一場在地智慧與科學知識間的「植」人交流。
植物採集筆記
茗濃山林植物寶藏
John Thomson
部落，環境中隨手可得的植物，
材料來源，也成為茗
黃荊（唇形科）Vitex negundo｜俗名：埔姜(po-kiu)
黃荊的一片葉子是由5枚細長的小葉組成，和手指的形狀有幾分相似。這樣的葉型稱之為掌狀複葉。
早期大武壠族人會使用黃荊的葉片，用它燃燒後，產生的味道來驅趕蚊蟲；葉片加熱水煎服，可以用來治中暑、頭痛。

茬濃文化工作室

族裔技藝的復刻與振興

耆老傳承的經驗彩澤

徐葆權／文 · 盧昱瑞／攝影

「這是齒草，小心有刺。以前老輩都會折一小段之後在牙齒上戳著戳著，顧牙齒用。因為會染色，所以老輩的牙齒都會黑黑的。這個是白帶魚，老一點的葉子背面會變很白，像是魚一樣，所以我們這邊叫它白帶魚。以前會拔這個草，整棵用石頭敲碎浸到溪潭裡，一段時間後魚會昏昏的，就可以把魚捕起來。這個是六月雪，就是吃消炎用的……」

隨著茬濃大武壠族芒仔芒社的潘鳳英耆老在小小的「植物園」旁漫步，每一株植物，鳳英耆老都能瞭若指掌的說出名字跟老輩傳下來的用法。鳳英耆老說，園裡的植物很多都是她特別進山採集回來培植，因為有些在平常的生活區域已經很難找到，要進到山裡才有；拿回來種植的另一個好處是，如果臨時有需要時身邊就有，不用再進山採摘。潘鳳英耆老一邊說著，跟隨在旁邊的我們，也彷彿回到那個在長輩身邊跟前跟後的兒提時，聽取一株株植物的故事。

左：茬濃文化工作室展出大武壠族與茬濃山林生態的關聯。

茗濃文化工作室展出的湯姆生文化路徑與大武壠族文化。

復刻部落傳統風情

據研究，大武壠族原本居住在臺南玉井一帶，但臺灣清領時期因為漢人在平地的開墾擴大，迫使西拉雅族從濱海平地移動到淺山地帶，壓迫到大武壠族的生存空間。大武壠族於是向東往深山遷徙，翻越阿里山山脈，進入原屬卡那卡那富族、拉阿魯哇族的領域。一部分族人定居在楠梓仙溪河階的甲仙小林、阿里關一帶，而鳳英耆老所屬的芒仔芒社先人，則再沿杉林枋寮一帶翻越玉山山脈，輾轉來到茗濃溪畔群山環繞的六龜

荖濃部落。當一八七一年蘇格蘭探險家約翰．湯姆生（John Thomson）來訪甲仙、荖濃溪流域時，也為大武壠族人留下珍貴的文字記述與影像。

潘鳳英耆老跟隨部落長輩長大，對於傳統的手工技藝、植物運用、飲食、甚至長輩傳唱的古歌謠都相當熟悉。鳳英耆老向我們介紹大武壠族傳統的 Da-lau 麻糬，因為添加了傳統作物散穗高梁而呈現深紅色，沾花生碎或黑糖食用，過去曾是族人農忙時的點心。另外還有在地耆老親手製作的傳統生活器具，如捕魚用的魚筍（Hî kô）、運送木柴的柴舉（Chhâ - gia'h）、竹編品、桂竹菸斗等等。尤其菸斗正是鳳英耆老在看到湯姆生當時來臺所拍攝的照片時，回憶起過去長者抽菸斗的生活景象，而嘗試從記憶中復刻出來。

活靈生動的記憶百科

幾乎可說是大武壠族傳統記憶百科的潘鳳英耆老，目前跟三位伙伴一起組成「荖濃文化工作室」，致力於大武壠族文化的復振與推廣。二〇二〇年成立的荖濃文化工作室，目前除了鳳英

右上：荖濃溪谷是大武壠族人的重要生活區域之一。

右中：湯姆生留下的文字記述與影像是現今考證大武壠族文化與當時環境生態的重要參考資料之一。

右下：由潘鳳英耆老復刻的菸斗。

耆老外，還有韋騰雅、黃照霙、潘少頤三位成員，利用正職工作外的時間調查研究大武壠族傳統文化及生活器具、文物，復刻過去族人的手工技藝及服飾，同時也開發與大武壠族文化相關的小旅行遊程。尤其莫拉克風災中，大武壠族人受災甚深，在被迫重新定居的過程中，開始尋找自己族群的文化定位。再加上二〇一九年集結游永福老師過去十餘年追尋約翰・湯姆生足跡成果的《尋找湯姆生：1871臺灣文化遺產大發現》出版後，從游永福老師所在的甲仙開始，一連串約翰・湯姆生相關的小旅行應運而生，更讓外界大眾重新留意到大武壠族的存在。

據工作室的韋騰雅表示，茄濃文化工作室目前與游永福老師、甲仙愛鄉協會、六龜十八羅漢山自然人文協會及附近的社區都有合作小旅行或遊程安排，若時間和團員的體力許可，就會安排實際到約翰・湯姆生當年攝影的地方，反之則在工作室的場域聽鳳英耆老說故事。工作室也有與茄濃部落的學校單位合作，積極傳承大武壠文化。不過因為工作室成員都有自己的正職工作，又不像其它地方有申請政府計畫補助，很難維持固定辦理活動。但無論如何，大武壠傳統文化的調研、復刻都會一直持續下去。

左上：手持菸斗在「植物園」前的潘鳳英耆老，與茄濃文化工作室的成員們一起從菸斗開始一步步的復刻過去大武壠族的生活器物。

採訪當天，潘鳳英身穿傳統服飾跟我們細細地講解大武壠的一切。據說這套服飾的每個細節，都是工作室成員在幾乎沒有實物參照下，查遍文獻、照片，跟鳳英耆老一起想盡辦法才重現出來。看著身著服飾，頭裹極具特色的黑色繡花頭巾、斜插菸斗的鳳英耆老，還真讓人不禁神往一百五十年前，約翰．湯姆生鏡頭下大武壠族人的生命風采。

下：手拿傳統作物散穗高粱、身穿傳統服飾的大武壠族耆老潘鳳英。

情報資訊

荖濃文化工作室

荖濃文化工作室成立於 2020 年，目前在南橫路上的空間以策展的形式展示大武壠族的生活文化以及湯姆生文化路徑的相關內容。除了可以看到鳳英耆老與許多在地長者製作的許多大武壠族生活用品外，也是體驗大武壠族服飾、講解文化內容的場域。

地址　高雄市六龜區荖濃里南橫路 104 號

Google Map

文化符碼

耆老復刻菸斗

在約翰．湯姆生來臺拍攝的照片中有抽菸斗的大武壠族人，而湯姆生更以文字特別為抽菸斗的女性族人留下記述。根據這些珍貴的記錄，荖濃文化工作室與潘鳳英耆老挖掘過去的記憶，成功利用桂竹頭與地下莖復刻出過去族人的菸斗，更藉此再現過去女性長者為主的族人圍坐炭爐旁「Kóng hun」的景象。此外，鳳英耆老也還保有製作菸草捆的手工技藝，將曬乾的菸草捻成一捲，以草葉纖維綑綁固定，再用防水的紙類包裹方便保存、攜帶，也是至今難得一見的傳統手藝。

帶路導覽

文化走讀體驗

荖濃文化工作室以約翰．湯姆生文化路徑為主軸，設計有相關的走讀體驗行程，包括前往當年湯姆生拍攝族人照片的地方實地走踏照片場景，以及大武壠文化講解及體驗等，並在工作室場域體驗大武壠族傳統頭巾等服飾。

多多鳥濕地學校
多多鳥濕地學校
生態解說 環境教育
夜間觀察 手作DIY
台灣山茶 森林養蜂
FB 網路預約 6人成行

多多鳥濕地學校

聆聽土地的樂音

圓一個人文野地的長夢

余嘉榮／文 · 盧昱瑞／攝影

飄著細雨的悶熱午後，隱身在台 27 線六龜扇平林道的多多鳥濕地學校，貢德氏赤蛙的鳴叫聲讓人知道已然置身在生態豐富的野地裡。多多鳥吳憶萍正在與造訪的朋友分享她與蜜蜂之間的趣聞。在臺灣的山野村落間，隱藏著許多關於自然、人與土地共存的故事。「多多鳥野是森林系」品牌，便是一個具體實踐里山精神的範例，展現了人如何在與自然和諧共處的信念上發展永續農業與林下經濟。

上：吳憶萍以「多多鳥野是森林系」品牌，具體實踐人類與自然和諧共處的里山倡議精神。
左：從荒地到田野學校，大自然就是這麼奇妙，它在甚麼樣的環境下就會呈現出不一樣的風格。

想為這片土地做點事

「多多烏野是森林系」的創辦人吳憶萍原本從事婚紗攝影，因為喜歡這裡的環境，也想要陪伴年邁的父母，於是在二〇〇七那一年回到六龜，重新開啟人生的另一個階段。在家園受到莫拉克颱風的重創之後她說：「在重建之餘，我開始思考能為這片土地做些什麼？於是我跟爸爸說：這塊地荒廢那麼久了，讓我來試試看，如果我們營造一個濕地，到底我們的生態會怎麼樣？就這樣大概有十年的時間我們都在做友善土地的工作。」

現在這片濕地孕育了生物的多樣性，池子裡乾淨的水源對自然裡許多小生物是很重要的。吳憶萍提到荒地要慢慢營造，也學著像是把光合菌倒進池子，解決優氧化問題的科學知識。她說：「臺灣有三十幾種青蛙，僅僅在這邊就有十五項品種。」

栽種山茶與蜜蜂養殖：友善生態的新契機

身兼茶農、蜂農身分的吳憶萍說：「從來沒有想過有一天自己會務農！」「最初，因有朋友養蜂，我請他載一些蜂箱過來放。朋友說我不會成功，因為在慣行蜂農的經驗裡，他們只知道龍眼蜜，可是濕地這一帶並沒有傳統龍眼蜜那樣的蜜源。結果那年的春天這裡的蜂蜜竟然大豐收！不懂環境也不懂蜜蜂的我，根本不知道怎麼處理這些蜂蜜。後來有林業試驗所的夥伴來協助，帶著我去做蜜源植物的物候調查。蜜蜂採集什麼植物？這些植物跟氣候的關係？」她就是這樣，從零啟程，一步步學習如何養蜂以及後來的種植山茶。

從生態實驗到商業實踐

在濕地旁邊的場域裡，還有一區體驗教室與展售空間。「多多鳥野是山茶」是這裡主推的商品之一，粉絲專頁上動人的文案寫著：「屬於六龜山區的野放山茶，一年只採收春夏兩季，用手工慢慢揉、壓，經過太陽的日曬，純粹的山林味道。」

甘單市集
12.09
12.10
實踐在地生活美學
甘單市集
青青土芒果
親親臺27觀光日
來吧～土芒果青製作
難忘的酸甜好滋味
5/7 (日)09：30-16：00
六龜警備線
溫馨提醒
防疫期間 請落實

蜜蜂農館

多多鳥
濕地學校

左下：以自然農法養殖蜜蜂、山茶，建立多多鳥野是森林系品牌。

多多鳥

關於山茶，要追溯到吳憶萍初回六龜的時候，除了在龍興國小當駐校藝術家，教孩子環境藝術教育之外，她另一個行動就是跑田野調查。她說：「我們在六龜訪問很多耆老，知道六龜山裡面有很多很棒的山茶。後來農民送來山茶的苗，我們就開始種山茶。在身體力行的過程中，你會知道大自然是這麼奇妙！它在什麼樣的環境下，就會呈現不一樣的風格，山茶很野，它就是很有個性。」

聽吳憶萍談濕地營造、談產業品牌總是歡笑多於淚水。在歡笑的背後，她不斷面臨一關又一關的考驗。從農場的合法化、商標註冊的被攻擊，到無端捲入地方的環境運動……所幸這些困難都沒能讓她忘記初衷。生命自己會找到出路，在花開花落的自然演替之間，「多多鳥野是森林系」的品牌逐漸成形。

讓茶香與蜜香永續發展

「多多鳥」的名稱靈感來自於吳憶萍回到六龜時讀的一本書《多多鳥之歌》。多多鳥曾經存在於地球上，後來因為人類滅絕了。這讓她思考到環境保護的重要性，希望以此為警惕，我們的環境不要像多多鳥那樣滅絕了。這也是為什麼品牌註冊為「多多鳥」，象徵著對自然保護的承諾。

透過茶葉、蜂蜜等產品，吳憶萍希望藉此傳達與自然和諧共存的價值。她強調，很多商業茶葉都會矮化樹木，並使用化肥來加快生長，但他希望保留原生的自然生態，讓茶樹自然成長，呈現出真正的風味。未來她更希望能結合串聯六龜到寶山的製茶體驗遊程，讓遊客能觸碰這片土地的獨特魅力，走讀自然與文化脈絡，實踐人與自然和諧共存的理想。

左：多多鳥濕地學校以友善土地、自然共處的概念，野放山茶、野放蜜蜂等林下經濟作物，讓更多好朋友嚐到森林好味道。

情報資訊

多多鳥濕地學校

位於高雄六龜、台 27 線約 13 公里處，這裡是一處結合自然生態、植物景觀打造的濕地學校，以大自然為教室的園地！這裡環境純樸自然，水池隨便一撈都可看見蝌蚪、水蠆。除了提供生態旅遊、動植物生態解說、DIY 體驗，還從事友善農業，以自然農法養殖蜜蜂、山茶，建立多多鳥野是森林系品牌。

地址　六龜荖濃溪左岸，台 27 線上約 13 公里

Google Map

農作體驗

會說故事的貝果

「多多鳥野是森林系」除了自家生產的商品之外，更與美濃的幸福甜舖劉議心烘焙師合作，開發出以水錦樹野蜜為基調的「香檬水錦野蜜貝果」。品嚐這款貝果可以品味到其中蘊藏著清甜濃郁的果酸、以及混合著新鮮香檬葉與酸種菌融合出來的四季氣息。劉議心烘焙師為了傳達出對土地農業以及生態的關懷，使用友善耕作產品，在麵團裡揉進不是很漂亮，卻都是最天然的食材。希望藉由「會說故事的貝果」推展食農教育、貼近土地。

情報資訊

六龜三井腦館

「六龜三井腦館」由黃姝妍與先生一起承繼曾祖父曾經在六龜開設的「三井腦館」的招牌，以森林精油、擴香瓶、擴香木、原木文創產品如鋼筆、鋼珠筆等產品，推廣國產材與六龜里山文化。黃姝妍過去在參與一場田野調查時，意外發現曾祖父黃廷火先生曾在六龜經營腦館；而在持續追索這段故事的過程中，對家鄉六龜的歸屬感與使命感也油然而生。剛好先生對木工及製作原木鋼筆、鋼珠筆等產品有興趣，便以此結合臺灣國產材與六龜樟腦的文史，重新點亮曾祖父「三井腦館」的招牌。目前產品除了在多多鳥濕地學校「甘單市集」外，也在屏東來林小舖、美濃菸仕物所、六龜池田屋等許多地方展售。

甘單市集——森林狂想曲

翁禎霞／文、攝影

什麼市集可以如此純粹、簡單？沒有舞臺、沒有帳篷，只有社區、小農，還有我們，以及綠地、藍天……

創辦多多鳥濕地學校的吳憶萍老師，連續多年推動甘單市集，迄 2024 年已舉辦六次，她說所謂「甘單」其實是來自於一次旅行的感動，那一年她去泰北，發現當地的市集很純粹，沒有舞臺、沒有帳蓬，邀請在地小農、藝術家隨興在草地上擺攤，讓來玩的朋友可以享受野地的悠閒、分享山林的豐收。

那一次泰北感動讓她回鄉後推動六龜的甘單市集，他們結合了社區、小農，以友善的概念串連，即使是賣韮菜盒的社區媽媽，都想方設法要尋找適當的天然樹葉代替塑膠袋等包裝，看到社區小農願意聚集，且願意調整成既甘美又簡單的步伐，甘單市集也就愈來愈甘甜了。

吳憶萍說，其實她最想看到的社區的串連，大家騎著單車穿過社區，來到一處綠草地，可以坐在草地聆聽音樂，也可以走走逛逛市集或是體驗木工，如此幽靜純粹，如此甘單，如何能不來……

木木想書屋——在木香中讀想

翁禎霞／文、攝影

在多多烏濕地學校的旁邊有一處木木想書屋，是由高雄市茬濃溪環境藝術促進會於三年前成立，木木想書屋以雙木為林，除了有森林的意涵，想讓更多人對於林業、林產有更多的想像；書屋的牆上，是協會經過多年蒐集的老照片、伐木及採樟工具，每樣工具上的磨損及刻痕，印證當年山林工作者的艱辛與智慧。

書架上收納了許多有關六龜的繪本，還有與伐木及採樟歷史相關的各式工具，猶如開展一頁六龜的人文歷史，在這裡聽完故事，彷彿與山城的距離又更進了一步。

高雄市茬濃溪環境藝術促進會理事長林文智表示，六龜在日治時期是採集樟腦的重要產地，同時也是重要的伐木據點，平埔、客家、原民等族群都在這裡匯聚，長長短短的工具，幾乎就是那一代伐木人的智慧結晶。

目前書屋內蒐集了十多種鋸子，包括威力強大的五齒鋸、長度一尺八的尺八鋸、比人還高的雙人鋸、還有比大腿粗的牛腿鋸，刨根用的鋒子等，協會還復刻了木馬，以木馬載運木頭往前走幾步，就知道當年開採歲月的艱辛。林文智說，木木想書屋的空間，其實是利用多多烏主人家的客廳，由多多烏展示生態、木木想展示人文歷史，山城的自然人文，在這裡有更鮮活的面貌。

目前多多濕地學校及木木想書屋均提供導覽、課程等客製化服務，活動可洽六龜多多烏濕地學校、高雄市茬濃溪環境藝術促進會臉書粉專。

地址　高雄市六龜區中興里尾庄 47-2 號

Google Map

一石一塊砌疊在地圖景

傳統客庄榮光再現

蘇福男／文．鍾舜文／攝影

高雄六龜、美濃客庄人人皆道：「撿石作崁開良田」，昔日勤奮耕作的客庄農民，會到自家田地附近的溪河撿拾石塊，然後以人工一石一塊砌成護坡、疊為田埂、闢成良田好耕作；疊石也作成堤防、登山步道，甚至護佑庄頭庄尾的伯公壇，也是用大小石頭堆砌而成，砌石技藝不僅表現在客庄日常生活、信仰文化，更形成在地獨特的人文自然地景。

反映當地自然特色的傳統砌石工法，充分顯現先民就地取材的智慧，人們與大自然互動形成的文化氛圍，也蘊藏著各族群適應環境所形成的文化內涵；但在當今開發工程標準化、水泥化下，耗時費力的傳統砌石工法，逐漸被揚棄甚至遺忘，正面臨後繼無人傳承的窘境。

左：順應著濃溪周邊環境，發展出砌石工法與在地智慧。

下：福興伯在父祖輩肥沃的田地插秧種稻、種香蕉、番茄和敏豆。

砌石補地的苦練功夫

世居六龜新威的謝福興，家族務農，謝家田地是緊鄰荖濃溪的「河壩地」，只要逢雨，湍急的水勢就有可能沖毀田地。現年七十八歲的謝福興，從小就跟著父祖輩學習耕作，朝夕在布農族語「兇猛不定的河水」荖濃溪畔農作，對於溪流的消長變化瞭如指掌，也和父祖輩一樣練就一身砌石修補耕地的真功夫。

因順應荖濃溪周邊環境，發展出砌石工法與在地智慧，更不忘提攜後代，持續傳授技術，將傳統砌石運用在現代「河溪治理工作」，帶動自然環境遭破壞與修補的反思，福興伯深獲評審肯定，今年四月以個人名義榮獲「第四屆榮譽步道師」的殊榮，在臺北風光接受頒獎表揚。

熱鬧的頒獎大會過後，六月某個早晨，採訪團隊造訪福興伯的河壩田地，一睹日漸式微的傳統砌石技藝。五分半田地就位於離謝家不遠的新威大橋下、荖濃溪畔，早期父祖輩在肥沃的田地插秧種稻、種香蕉，目前福興伯和兒子一起栽種番茄和敏豆。

右上：福興伯不忘提攜後代，持續傳授砌石技術。
右下：六龜新寮湧泉景點出自福興伯的砌石工藝。

一步一腳印，深耕巡田水

隨著福興伯腳步巡田水，五分半地共劃分為三個區塊，各區塊依照不同季節栽種適合當地風土的農作；有趣的是，每個區塊以大小不一的石頭疊砌出長長又高高的田埂，最高高度有一百九十公分，比一般成人的身高還高，看採訪團隊爬上爬下氣喘吁吁取景拍照，福興伯打趣地說，「在這裡巡田水必須練就一身跳上躍下的輕功。」

荖濃溪畔的砌石田埂，類似澎湖人以咾咕石砌成的避風石牆「菜宅」，澎湖因地勢平坦，境內無處阻擋強烈東北季風，且海風吹拂往往夾帶鹽分，致使植物不易生長，當地因而衍伸出以海底採掘的咾咕石（原料是珊瑚礁），疊砌石滬、蓋房子和修築菜宅。

荖濃溪畔的田埂用石塊疊砌成高牆並非全無緣由。全長一百三十三公里、源自玉山東峰的荖濃溪，沿著中央山脈從南投縣信義鄉南端一路蜿蜒流向高雄梅山、桃源、寶來、六龜、屏東大津、里港，直到嶺口與來自北方的旗山溪（楠梓仙溪中下游）合流後，改稱高屏溪、於林園出海。

日治時期稱為「長命水」的荖濃溪，在六龜境內造就了縱谷、臺地沖積扇等地形，並形成激流、溫泉、瀑布、斷崖等獨特景觀，激流、險灘、奇岩怪石、海拔落差六十五公尺等獨特條件，讓荖濃溪泛舟刺激好玩，在莫拉克風災前荖濃溪泛舟盛極一時。

福興伯運用「石挖仔」和「鐵橇」等簡單工具，砌出客庄獨特的人文自然地景。

客庄人不服天的硬骨氣

莫拉克風災，讓人類文明見識到大自然反撲的力量，在風強雨急的催化下，荖濃溪有如猛虎出柙般，滾滾混濁洪水挾雜著難以計數的泥流、石頭和漂流木，從標高三千八百六十九公尺的玉山東峰，一路從桃源、六龜山區摧枯拉朽般沖毀吞沒沿岸的河谷、田地和住家。

「當時站在蝴蝶橋（新威大橋）往下望，三分多地栽種的五百多棵香蕉，全部從眼前被大水沖走！」暴潮惡水消退後，福興伯的田地打回一大片泥灘原形，昔日良田變成寸草不生的荒地，地面遍佈從山上沖刷下來的大小礫石。

世代與荖濃溪共生的謝家，坦然面對一次次天災的嚴酷考驗，颱風暴洪雖拿走終年辛勞耕種的農作，但謝家人從不怨天尤人，災難過後就是趕緊砌石復耕，世代子孫謹遵承襲先祖「逆來順受」的硬頸客家精神。

左上：福興伯帶上簡單工具上工去。
右上：謝福興無師自通學會人力砌石—「咬（Ngau）」和「楔（Xiab）」的工法技巧。
下：福興伯以荖濃溪大小不一的石頭，疊砌出長長又高高的田埂。

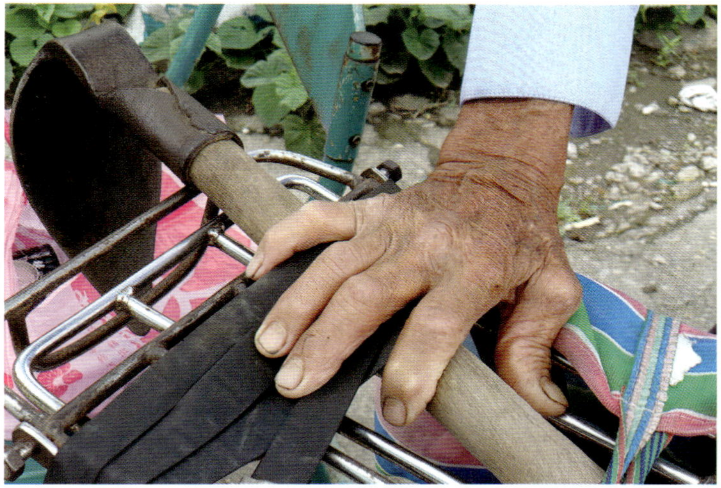

「這道兩百公尺長、一百至一百九十公分高的田埂，我獨自疊砌了一個多月，還花錢請砂石車運來兩百臺從荖濃溪下游挖到的泥沙，在流失的田地填補一尺多（約四十公分）深的泥土，重新恢復地力耕種。」

好奇詢問福興伯為何不用水泥鋪田埂、護堤，既省時又省事？福興伯點頭微笑著說：「水泥鋪田埂、護堤是比較平整省事，但荖濃溪的沙土、石頭源源不絕，往河床一挖就有，也不用錢，最重要的是，用石頭疊砌的田埂、護堤有空隙，能讓蛤蟆、青蛙、蛇和老鼠有地方躲藏，田園會比較熱鬧哩！」

上：福興伯每天巡田水的必經之路。

中：謝福興將傳統砌石運用在現代「河溪治理工作」，帶動自然環境遭破壞與修補的反思。

下：福興伯說，「用石頭疊砌的田埂、護堤有空隙，能讓蛤蟆、青蛙、蛇和老鼠有地方躲藏，田園會比較熱鬧哩！」

帶路導覽

新寮百年古道

早期新寮先民拓墾初期，上山伐木或到山麓旱河區域工作，都是靠徒步，為了節省時間，村民便利用當地河石（黃砂岩）合力疊砌成一條往返捷徑，其形狀酷似一條龍的登山步道，蜿蜒繞經百年古井和古井伯公而上，可通至美麗恬靜的新威森林公園。

這條古道蘊含了先民披荊斬棘的歷史與故事，展現先民的生活智慧，同時也應證新寮開庄的發展歷程，客家委員會甫完成復舊整修工程。

情報資訊

新寮百年古井

清朝年間先民開庄時，由廖、邱氏族人開挖而成，井水乃山上流下的山泉水，經高山層層過濾，水質特別乾淨清澈，開挖人無償提供井水給庄民飲用及洗滌衣物，如今新寮地區雖已普設自來水，但三百多戶人家還是常帶水桶到百年古井提水或接水管到家裡，地方耆老無償提供井水風範，讓當地里民懂得飲水思源之情。

THAT'S
AWESOME
飲品

此橄欖非彼橄欖？

源自親情的冰涼甜蜜

徐葆權／文．盧昱瑞／攝影

從美濃沿台 28 號公路往東，出了竹子門，進入荖濃溪與支流濁口溪會合處的沖積平原，視野就在田野中豁然開朗。公路繼續沿著荖濃溪往東北轉北北東而去，進入新威社區。如果繼續前行，就會到十八羅漢山、六龜街市，但若在新威國小前跟隨一貫道天臺山道場的指標轉彎，眼前就會出現一座巨大的牌坊——不過我們此行的目標當然不是天臺山道場，而是路旁雖小卻不會錯過的「木屋冰品」。

左：邱驛涵與充滿藝術趣味的木屋冰品。

左：在自家旁搭建的「木屋冰品」，雖然不大卻令人感到相當親切。

生自在地的記憶美味

主掌「木屋冰品」的邱驛涵，原本離鄉到臺中打拼，但後來為了照顧雙親而返回六龜新威的家鄉。為了支撐生計，邱驛涵將自家臨路的空間整理出來，開設「木屋冰品」，作起小生意。

大約在十四、五年前，邱驛涵在新威苗圃（現今的新威森林公園）路邊看到滿地的橄欖落果，讓她突然想起小時常常上樹摘橄欖當點心吃的記憶。

說到橄欖，一般對橄欖的印象，可能就是榨油用的油橄欖或果核兩頭尖尖的尖仁橄欖，不過臺灣還有另外一種很常見的「橄欖」：錫蘭橄欖。錫蘭橄欖其實在植物學分類上與油橄欖、雙仁橄欖的親緣關係都很遠，只是因為果實形狀近似橄欖而被稱為「橄欖」。臺灣的錫蘭橄欖，據信是在日治時期一九〇一年由錫蘭（現稱斯里蘭卡）引入，故稱錫蘭橄欖，過去大多是作為行道樹，或是將果實醃漬後食用，在六龜是非常常見的樹種。

性情好客的美味橄欖

錫蘭橄欖的果實非常酸，鮮果很難入口。邱驛涵回憶，小時候都是簡單用鹽處理就能吃了，但那是過去沒什麼東西好吃的時代裡大家簡便處理的方法，如果要拿來賣，或許還需要再弄得更好吃些。這時邱驛涵又想起，以前去過種了很多橄欖樹的六龜清涼山護國妙崇寺，喝過寺方招待的蜜釀橄欖茶。生長在六龜客鄉，小時候就相當熟悉醃漬流程的邱驛涵於是也嘗試製作

冰 品
飲品
高山愛玉

蜜釀橄欖，在第二年就自製成功。橄欖之外，邱驛涵也向寶來一帶種植梅子的農民收購胭脂梅，醃漬起來或釀製成梅醋。「木屋冰品」的蜜橄欖與胭脂梅，也在二〇一五年入選為高雄客家文化品牌「好客山農」的特色商品。

然而橄欖畢竟處理過程太過繁複耗時，需要逐一將果實剪下並揀選品質良好的果實，一顆顆刷乾淨後用鹽殺青，殺青後洗淨曬乾再加糖慢炒，直到果肉皺縮、顏色轉深後裝罐醃漬，大約一至兩個月後，橄欖的味道由酸轉甜，才較適合食用。除了邱驛涵外，懂得處理也有力氣、時間處理的人越來越少；購買的人減少，讓農民種植錫蘭橄欖的意願也逐漸低落。加上近年氣候變化極大，錫蘭橄欖枯死的狀況日益多見，連邱驛涵自己種植的錫蘭橄欖都逃不過。目前「木屋冰品」使用的橄欖，都是邱驛涵遠從六龜寶來、高中一帶取得，來源也日漸稀少。

目前木屋冰品除了橄欖外，其它如愛玉及餐點的品項，也大多採用在地生產的食材製作，甚至在邱驛涵自家裡就有一塊菜園，種植店裡餐點所需的食材。而店裡內內外外也有許多邱驛涵創作的繪畫及馬賽克拼貼藝術作品。若有機會路過六龜新威，不妨轉個彎，在木屋冰品坐下來，吃一碗清涼的愛玉或一杯橄欖茶，嚐嚐客家庄的獨特風味。

上：遠遠可見一貫道天臺山道場牌坊的木屋冰品，是鄰近居民與過路旅客駐足的補給站。

情報資訊

木屋冰品

座落於往一貫道天臺山道場路口附近的木屋冰品，除了服務往天臺山道場的旅客與過路客外，也偶有附近的鄰居造訪。店內因為有許多店主邱驛涵自己創作的作品而頗有意趣，販售的品項也大多使用邱驛涵親自種植或親手醃漬的在地農產品，值得一訪。

地址　高雄市六龜區新威里 173 之 18 號

營業時間　週一至週六，07:00 ～ 19:00、週日，07:00 ～ 17:00

Google Map

農作體驗

在地農產

錫蘭橄欖雖然是在日治時期 1901 年由日本人引入，但引入的理由眾說紛紜。主流說法是日本殖民政府為了治療日本軍人在臺灣水土不服產生的腸胃問題，故而引進臺灣種植，另一說則是為了減少臺灣鄉間民眾的腸胃病症而引入，還有另一說是因為種子可以製作潤滑油而引入。不過無論如何，錫蘭橄欖正是因為日本人的大規模種植，而成為中南部丘陵及山坡地常見的農產品。

品牌焦點

木屋冰品另一個有名的產品就是胭脂梅。這種梅子與我們一般常看到的青梅、黃梅不同，果皮照到太陽的地方會轉帶紅色，因而得名。但胭脂梅因為皮薄不耐運送，種植的面積也在逐漸減少。六龜寶來一帶向來是東高雄重要的梅子產地，自然也有出產胭脂梅。產季時，木屋冰品就會向農人購買胭脂梅，親手裝瓶醃漬或再製成梅醋飲品，供來訪的客人享用。

濁口溪 — 茂林

❶ 得恩谷生態民宿（Deengorge）

❷ 萬山協會

❸ 蝶 · Svongvong 手感烘焙

一線天
多納
得恩谷
濁口溪
萬山協會
茂林
Svongvong
蝶
尾寮山登山口
至高樹
27
荖濃溪
27甲
木屋冰品
新威
至美濃

濁口溪

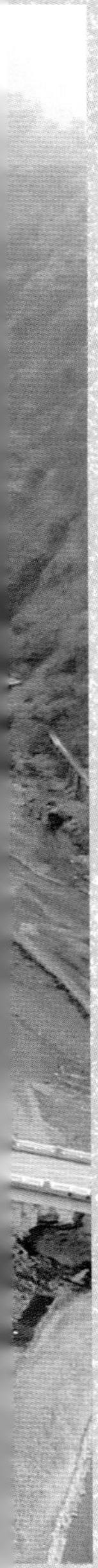

導讀

為身心充蓄美好能量

來去，與紫斑蝶同行

林芷琪／文．賴以博／空拍

過個橋就到茂林了。若在冬季，還可能遇上漫天飛舞的紫斑蝶一起同行。

走台 28 線，從高雄六龜接上紫斑蝶展翅造型的「新威大橋」，越過荖濃溪，進入台 27 線新發公路，往高 132 線道方向直行；或是從屏東高樹，經「大津橋」，越過荖濃溪的支流濁口溪，便會直接接上高 132 線道。

由高 132 線道和濁口溪貫穿全境的茂林區，是高雄市人口最少的行政區，有茂林、萬山、多納三個部落，各自擁有獨樹一幟的自然和人文風景，且只相距各十幾分鐘的車程，偶爾想從城市喧囂出走，便很適合花上一天去茂林充充電。

跨越新威大橋和大津橋進入茂林的兩條路線會在「蝶・Svongvong 手感烘焙」前交會，一間由茂林在地人力及食材構成的麵包坊，展現出特有飲食文化及風味特色的各式麵包糕點，可作為造訪茂林的歇腳補給起點，和完成旅程返家前選購伴手的所在。中午邀集三五好友到萬山部落，預約享用工寮廚房風味餐及歐佈諾伙 'Oponoho 文化體驗小旅行，然後坐在通往溪畔的大斜坡上，迎向拂過溪谷的輕柔山風，滌清了心緒，身體也會跟著放鬆許多。

接著往多納部落方向去喝杯咖啡，或是漫步步道、溯游溪谷，再回往茂林部落，入夜後參加得恩谷生態民宿的夜間生態導覽，也可選擇入住民宿，翌日在石板屋前迎接曙光，在茂林度過身心豐足的完整一天。

得恩谷生態民宿

群蝶幽谷中的石板屋

部落裡的深焙麵香

羅莎／文．鍾舜文／攝影

由台 27 線新發公路駛入高 132 線道，便能看見「蝶・Svongvong 手感烘焙」佇立在路口，宛如一隻溫潤大手招呼著過路人，「歡迎來到茂林。」

行經「茂林風景區」五個大字底下，持續沿高 132 線道往山的方向前進，約莫五至六分鐘，當消防局出現在左側時，「得恩谷」的指示牌也映入了眼簾；右拐進入羅木斯聯絡道路，繼續前行，車輪之下的道路尚且稱得上平坦，兩旁卻盡是坡地與樹叢，數分鐘後，「得恩谷生態民宿」總算現身在眼前。

左：得恩谷著名的石板屋，若不是出於負責人陳彥君（大頭）父親陳誠之手，便是出於部落人力之手。

右：大頭運用部落人力與在地食材手作烘焙麵包。

關愛部落的一顆心

沿小水道旁走下斜坡，左側的兩層樓建築，就是園區的心臟，也是「蝶・Svongvong 手感烘焙」的中央廚房。拉開門，走進室內，充滿節奏感的音樂頓時充斥在空氣中，混合著撲鼻的麵包香。

讓麵包像被灌注靈魂一般活過來的，可不只音樂，還有滿滿的鄉土風情——部落人力與在地食材。使用部落人力，源自於得恩谷負責人陳彥君（大頭）的父親陳誠立下的傳統，後期完成的兩幢獨棟石板屋，便是雇用部落工人的傑作；而目前廚房約有七名人手，除了大頭、太太和大姐以外，其餘全是部落青年，其中更不乏自國小一、二年級便開始前來幫忙的成員。至於在

UNOX

地食材的選用，則出於大頭關愛部落的一顆心，除了常見的部落農產品：馬告、紅藜、刺蔥、樹豆等，梅山口產的紅豆、茂林在地的山蘇和消失半世紀後成功復育的油芒也全被揉進麵包中，不只照顧在地農特產品，也透過販售，將原住民的飲食文化推廣出去。

在食宿中承載文化、教育與生態

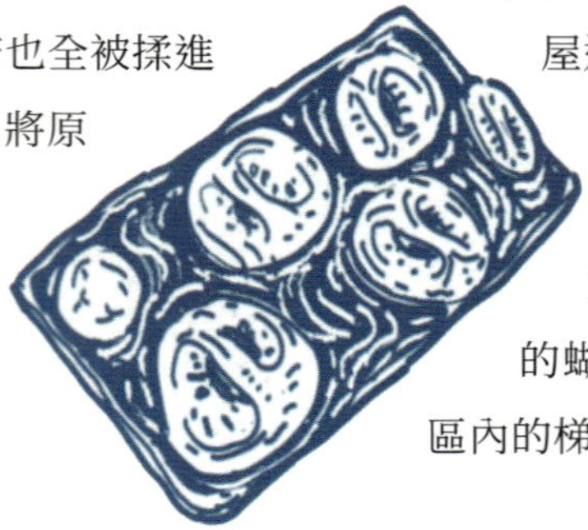

在無形中背負著文化傳承的使命，大頭受父親陳誠的影響極深。站在父親親手搭建的連棟石板屋前，大頭特別感慨：「爸爸是國小老師，三十年深耕於文化、教育。比起蓋石板屋這個行為本身，他更重視的是文化意涵的教育，透過教育，讓人們對環境、生態更友善。」大約在一九九九年，陳誠開始在這一片祖地上蓋起石板屋，也在那時接觸到為了紫斑蝶來到茂林的蝴蝶保育協會研究員——詹家龍老師，因而在園區內的梯田上種植各式各樣的原生植物如盤龍木、血藤、右：大頭感慨：「爸爸是國小老師，30 年深耕於文化、教育，比起蓋石板屋這個行為本身，他更重視的是文化意涵的教育。」

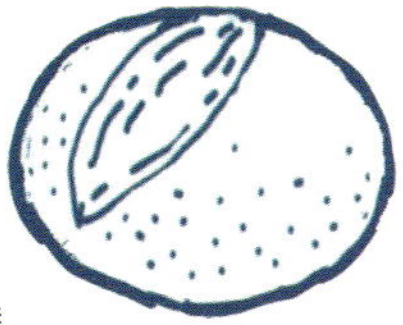

九芎樹等，為紫蝶幽谷生態復育盡一份心力。憶起父親，大頭很是語重心長：「培育孩子也是。我大學讀的是傳播，二〇〇九年去讀了生態旅遊研究所，爸爸原本希望我成為有國際觀的生態家，沒想到我成了麵包師傅。」話雖如此，但其實誰都知道，在現實與理想之間該如何取得平衡，才是最為困難的。目前，大頭雖以麵包作為經營重心，但在民宿中，也會安排烘焙課程、教學體驗，結合地方農特產品，帶旅客自製卡士達醬、抹醬、磅蛋糕，或安排生態導覽，讓旅客認識紫斑蝶的種類、棲息地，及臺灣相對不有名卻特有的生物品種如臺灣小蹄鼻蝠、各式樹蛙等。

面對未來，積極、熱血卻又淡然

大頭對部落的關愛，還展現在增加部落孩童的自信之上——二〇二〇年，第一屆部落籃球邀請賽正式開辦，邀請茂林、桃源、那瑪夏等地各部落教導籃球的教練組隊報名，至今已是第五個年頭；鑒於女生較難組成籃球隊，又在今年舉辦「第一屆蝶盃創意繪畫比賽」，以茂林區的孩童為徵稿對象，收件數高達一百二十件。這類競賽全為公益性質，以「蝶・Svongvong 手感烘焙」的名義舉辦，網羅部落相關人才，協助規畫相關賽事，同時讓部落孩童在球場上、畫紙上找到自信。說起這些比賽，大頭的眼中散發出光芒，「我們憑理想在做開心的事。」假如未來部落中又出現其它人才，辦理其它賽事也不無可能，

但他不諱言：「所有事都要天時、地利、人和，假如越做越偏，也隨時能停辦。」

這樣的淡然與坦然，或許也來自於命運無情的對待。二〇〇九年往後的六、七年，面對大自然的摧殘——八八風災，他勇敢面對；面對生老病死的折磨——父親罹癌、擴散、治療、病逝，他努力撐住；面對自然與病痛交織的困境，他如履薄冰，好幾次在醫院與家中往返的過程中與死神擦身而過，因此，即便這片土地上承載著父親的理念，而父親一輩子的心力與金錢已全為這片土地澆灌，但為人父後，看著懷裡尚還年幼的女兒，他卻希望小孩能養活自己就好，若要承襲家業，他寧可勸退，畢竟「如果再來一場風災，要再復原，又是一大段漫長艱辛的路，而其實原住民大多數的信念是：所有土地、財產都是上帝的……」

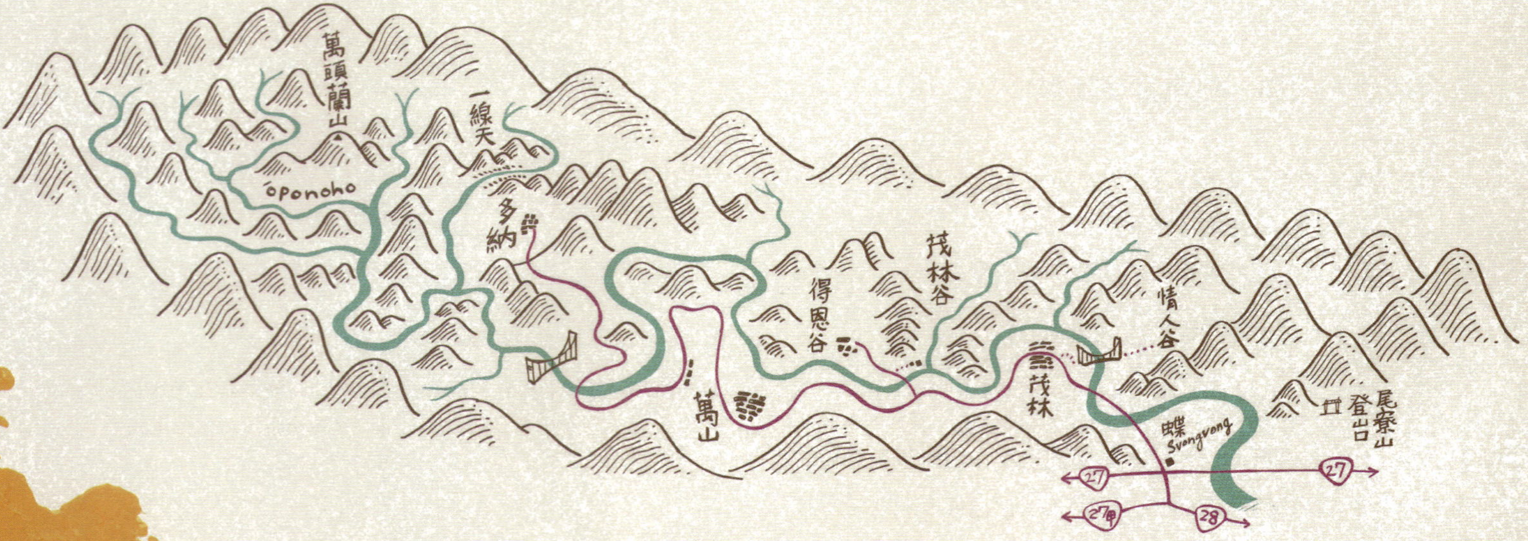

情報資訊

得恩谷生態民宿

「得恩谷」，在魯凱族語中意指「石頭聚集之地」，是過去開墾時期，眾人路過、休息之處，現在則結合烘焙體驗、生態導覽及露營住宿，給予旅人放鬆心靈的時間與空間。

地址 高雄市茂林區茂林里 138 號

電話 0989-370885

Google Map

農作體驗

夜間生態導覽

來到得恩谷住宿，重頭戲莫過於夜間生態導覽，導覽於園區內依眼前所見隨機進行，夏季以蛙類為主，冬季山羌較多，且是蜘蛛的繁殖季節。夜間生態導覽安排時長為一小時，夏季日落時間晚，導覽時間訂在七點半到八點半；冬季日落時間較早，時間便提早半小時。為確保導覽的專業性，得恩谷聘請具有專業認證的環境教育講師，不僅能進行中文解說，有時也能為外國遊客進行英文導覽，以生動有趣的方式推廣臺灣生態。

帶路導覽

推薦登山路徑

尾寮山登山步道：小百岳之一，位於屏東三地門與高雄茂林交界。由大津橋登山口進入，步道前半段為產業道路，之字形緩坡；之後轉為較原始的登山山徑，路徑長、坡度陡，偶爾須拉繩攀登，全程景觀多變。

茂林谷：（目前因凱米颱風災情封閉中）原名「羅木斯」，魯凱族語意為「美麗的山谷」，位於濁口溪與其支流木勝溪交會處。由羅木斯步道入口進入，步道沿溪流鋪設，隨山勢蜿蜒起伏，沿途可欣賞蓊鬱山林，聆聽潺潺溪流，行走約半小時左右便可抵達茂林谷瀑布。

多納一線天：位於茂林的一座河谷，以被河流切割出陡峭谷壁的壯觀景色聞名。因是河谷，僅能於枯水季（冬季）前往，且路途中仍會經過深潭、瀑布，最好備齊溯溪鞋、救生衣及頭盔，且因每年路線、河川都可能改道，隨嚮導前來較為安全。

絢麗曙光映耀美地

「歐佈諾伙」（'Oponoho）的岩雕文化

陶依玟／文．余嘉榮、蘇福男／攝影

「我們這裡都是五十度斜坡喔，加油！」萬山社區發展協會總幹事呂惠萱逗趣的迎賓風格，正是我們抵達萬山部落的第一印象，來到這裡、傍山而建、處處都是斜坡。若是車行，更考驗駕駛技術。為了安全，步行最佳，也正好檢視旅者的體力。走著走著，看著路旁家屋的 Latahovecahe 家族遷移史壁畫，不知不覺已然沉浸於萬山這個斜坡上部落的日常文化體驗之中。

左：瞰覽位於山谷懷抱中的部落美景。

全臺人口最少的祕境部落

萬山部落位於茂林區高 132 線道上，經過茂林區公所約七公里、車行時間約二十至三十分鐘。高雄市茂林區轄下有三個部落：茂林、萬山和多納。萬山部落是全臺灣人口數最少的地方，戶籍人口約僅四〇二人，實際在此居住生活的居民僅有八十餘人，且多屬老人和小孩，「我們這裡有三間雜貨店，但你們沒有看到路邊有什麼麵攤、小吃部的，因為這裡的人如果沒飯吃根本也不用買，到隔壁鄰居家蹭個飯就可以啦！」呂惠萱笑道。萬山部落，最獨特的就是「萬山岩雕群」，這是臺灣首見的史前岩雕藝術，位於萬山舊社（萬斗籠社）的傳統狩獵區山林中，萬山岩雕圖紋豐富，為臺灣早期住民的原始藝術遺跡，刻鑿於岩石表面的圈狀紋、重圓紋、人形紋、足狀紋，以及許多無法解釋的圖形，配合原住民傳奇、神話式的故事背景，在原住民社會中有著特殊歷史意涵，在臺灣歷史中亦是奇特的孤例。萬山岩雕遺跡現有孤巴察峨（TKM1）、祖布里里（TKM2）、莎娜奇勒娥（TKM3）、大軋拉烏（TKM4）等四處，已被列入間人莫入的國定考古遺址，進入需事先申請、登記，而且路程翻越崇山峻嶺、崎嶇難行，至少得花上三天兩夜——這還是登山高手的腳程呢！

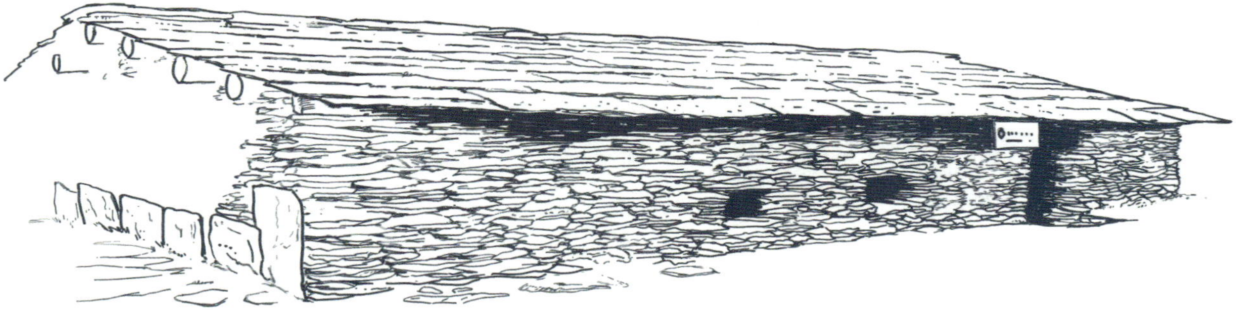

下：萬山部落最獨特的「萬山岩雕群」，是臺灣首見的史前岩雕藝術。

萬山部落的農食特色及原住民傳統作物—油芒

上：下潛式石板屋。
中：萬山原住民協助清理岩雕群遺址。
下：文史館中（岩雕圖騰）。

守護部落記憶的終始

為了保護珍貴遺址和原始山林，部落巡守隊定期巡山，守護國定遺址萬山岩雕及真我山的山茶產業。依照目前中央原住民族委員會的族群分類，茂林區萬山部落屬於魯凱族，「其實我們並不認為自己是魯凱族喔，所說的語言與魯凱族語完全不同。」萬山部落族人多年來一直希望正名為臺灣原住民族第十七族：歐佈諾伙族「'Oponoho」。「'Oponoho」一詞含著很美的寓意，呂惠萱說，依據部落耆老的說法，'Oponoho 的意思是旭日太陽初升起的地方，是早晨美麗曙光照射的美地。萬山部落「歐佈諾伙」（'Oponoho），日治時期稱為「萬斗壟社」，原聚落位於海拔高度一千四百七十五公尺的萬斗蘭山下，曾是最深山最偏遠的部落，民國以後則改為「萬山村」，並於民國四十六年遷至現址。

目前的萬山部落，將部落文化與萬山岩雕圖騰呈現在部落內，並重建獨特的下潛式石板屋、萬山舊部落模型及萬山岩雕復刻藝術等，同時成立工寮廚房，開發風味餐與遊客分享，吃得到小米、樹豆、紅藜、油芒等部落農特產。也持續規劃新的體驗行程，包括在需要低頭入內的下潛式石板屋用餐、水域探險活動（漂漂河）、獵人學校體驗等。

萬山舊部落模型有著「抓住部落記憶的尾巴，追尋祖靈智慧的源頭」的精神與情懷，舊部落模型的建置，源於二〇〇九年八月莫拉克風災，山路崩塌、橋樑壞毀，通往舊萬山部落的路徑損壞殆盡，為了替族人留下記憶中真正的故居，萬山部落馬樂

左上：文史館中石板屋模型。
左下：油芒岩雕餅乾。

（Maler）老師多次前往舊萬山，透過拍照記錄與實地的測量，再根據部落中耆老的回憶，花費兩年，利用石板重新建置舊萬山社模型。如今，此已成為部落導覽的重要場域，蘊含著萬山部落的古老故事、建築文化。

另外，萬山部落也很重視尋根活動，召喚族人回到舊茂林及舊萬山，除了緬懷先祖，也讓年輕族人學習傳統文化，瞭解祖先如何在大自然困難的環境中奮鬥生存。

隨油芒與紫蝶自在起舞

近年來，萬山部落開始復耕油芒，成為萬山部落的農食特色。油芒營養價值比紅藜、小米更高，是消失半世紀的原住民傳統作物，被譽為「超級未來食物」，因為油芒非常抗旱、耐鹽、抗寒，需要的水份不多、又不怕淹水，這些特性適合在極端氣候下生長，是臺灣獨有的超級未來食物。萬山部落已研發油芒搭配煎餅、推出無麩質香脆油芒煎餅、油芒風味餐及油芒岩雕餅乾 DIY 體驗等獨特美味。

冬春之際，部落周圍有紫蝶漫天飛舞，周邊還有由濁口沖刷而成的獨特地形，包括高達一百公尺的環流丘，是罕見珍貴的地理景觀，而著名景點的龍頭山、蛇頭山、美雅谷，也都在萬山部落周邊，歐佈諾伙「'Oponoho」代代相傳部落的故事，萬山岩雕（符碼文化）之旅，可以把國家遺址的符碼，透過岩雕拓印、手工皂、餅乾等手工體驗，留下和歐佈諾伙「'Oponoho」邂逅的美好回憶。

情報資訊

萬山部落——歐佈諾伙「'Oponoho」

萬山部落位於高雄市茂林區，舊部落座擁臺灣唯一古老岩雕群暨國定遺址「萬山岩雕」，現址的萬山部落，將部落文化與萬山岩雕圖騰呈現在部落內，並擁有獨特的下潛式石板屋、舊部落模型及岩雕復刻藝術等，同時復耕油芒，成立工寮廚房，將部落文化結合美食和 DIY 體驗課程，推廣部落小旅行，由部落族人擔任導覽解說員，詮釋自身土地的文化意涵，同步鼓勵青年返鄉。

地址 高雄市茂林區萬山里 39-1 號／萬山社區發展協會

電話 07-6801538

Google Map

農作體驗

DIY 課程

岩雕拓印 DIY 課程，可以將部落傳統豐富的圖騰、文字，藉由拓印，將部落的故事攜帶回家作為紀念品。圖騰還可以透過手工皂 DIY，選擇自己喜歡的味道，將部落體驗的美好回憶，化成獨一無二的味道回家繼續品聞。油芒岩雕手工餅乾則是結合部落食農和文化特色，讓您慢慢細嚼。

帶路導覽

推薦登山路徑

可前往萬山里 5 鄰 42 號馬樂老師「石破天驚」文創工作室參訪，「石破天驚」是全臺唯一使用原住民傳統住屋建材 - 板岩作為主要創作材質的文創工作室，將原民文化與故事融入創作，原始、粗獷的板岩，透過馬樂老師的創意與巧手，轉化為美感獨具的文化創意精品。

喜歡品嚐臺灣咖啡的部落訪客，也可順遊「林老師卡好咖啡」（週六、週日在萬山里鳳梨村營業）。

附錄—採訪撰文、攝影、插畫繪圖群像

採訪撰文

蘇福男 採訪／攝影

高雄茄萣白砂崙人。非典型媒體記者／電臺主持人／社造輔導老師。年少放棄賺大錢的熱門工業學科，立志當記者，人生精采際遇可寫成一本書。走跳新聞江湖逾 35 年，是自由時報最資深的地方記者，堅守老派新聞核心價值，擅長報導社區人情趣味故事。出版有《高雄，慢 · 漫遊》等十多本高雄書，持續不斷採訪書寫中。

楊路得

曾任職科技公司，乙級廚師，自由寫手，法務部作文比賽評審、經濟部優良市集評鑑委員。著有「戀食人生」（合著）、「新港都・舊食光」、「Bonjour，菜市場」、「台灣味菜市場」、及「味蕾中的靈魂」。2022 年與一群了不起作者合著文化局系列專書《回家順路挩豆油：高雄山、海、縱貫線的里鄰雜貨店》，2024 年再合著《煎一壺時代補帖：高雄 30 家老中藥房的故事秘方》。2016 與 2020 年獲高雄市文化局書寫高雄散文類獎助。

羅莎

高雄人，大學讀中文，碩士讀兒文，熱愛文字，熱愛創作，熱愛插畫，致力兒童作文教學工作已十年。曾出版兒少小說《狗狗的守護者》、《彩虹下的微笑》、長篇童話故事《少年傑森冒險記—雷弗島》等，為 2023 年高雄市文化局出版《煎一壺時代補帖：高雄 30 家老中藥房的故事秘方》作者群之一，曾獲國軍文藝金像獎社會組短篇小說獎。

陶依玟

高雄人，生於斯，長於斯，生活工作皆於斯。中山大學企管系畢業，曾任大成報、行政院莫拉克颱風災後重建推動委員會記者。高雄市文化局「煎一壺時代補帖：高雄 30 家老中藥房的故事祕方」作者群之一。

謝沛瑩

定居高雄的嘉義人，偶爾懷念白醋涼麵。養一隻貓。想寫出嚴肅卻有溫度的文章，但沒三句就開始搞笑。

翁禎霞 採訪／攝影

永勝 5 號獨立書店創辦人。開書店之前當了卅年的記者，專門寫別人的故事，開書店之後，開始為自己的生命寫故事，辦過上百場講座，策劃過《那山那海那屏東—文學的風吹來》屏東文學展、《城市裡的藍色弧線》萬年溪行動展，未來希望可以玩出比講座、展覽更有趣的東西。曾獲大武山文學獎。作品包括《與生命對唱—恆春民謠人物誌》、《幸福公路 185》、《小記南方一萬天》。

徐葆權

彰化北斗人，一路南漂，從大學來到高雄之後，人生的大部分時間都在高雄渡過。關心臺灣文史與地方文化發展，目前是中英文臺灣歷史故事 Podcast 《Formosa Files》的研究員與共同主持人。

林芷琪

高雄燕巢人，耕文織夢，對世界好奇，喜歡文字和聲音，用聽寫故事擺渡時空，有合著作品：民俗植物繪本《飯甑波的滋味》、老照片故事《回望二十世紀的美濃》。

余嘉榮 採訪 / 攝影

高雄梓官赤崁人。曾參與 921 地震原鄉重建、三義舊山線環境教育、莫拉克風災文化培訓以及臺南、高雄的社區營造工作。2011 年與夥伴創辦《透南風》雜誌，開始專注田野調查、攝影寫作，期盼從最人性、最在地的觀點，努力書寫臺灣的風土美好。

朱珮甄

高雄人、島內微移民者，喜好以文字與影像紀錄生活所有遇見，經營實體書店日閱書局，希以空間為媒介，持續探索有趣的生活事物。另設「日常人文探索工作室」為獨立出版社。

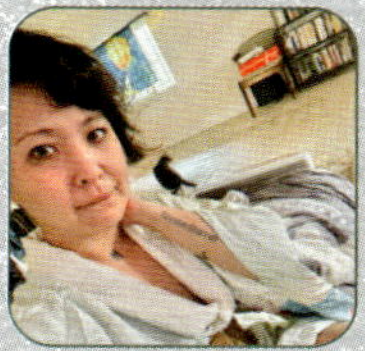

崔舜華

1985 年冬日生。有詩集《波麗露》、《你是我背上最明亮的廢墟》、《婀薄神》、《無言歌》，散文集《神在》、《貓在之地》、《你道是浮花浪蕊》。曾獲吳濁流文學獎、林榮三文學獎、時報文學獎等。

攝影

鍾舜文

來自美濃笠山山腳下，東海大學藝術學碩士，主修膠彩創作。愛攝影，斜槓出版了菸葉人文影像記事《那年、菸田裡》，並繪製《新版鍾理和全集》、《鍾鐵民全集》插圖。2015 年春天，決定人生將往純藝術創作的路子走去。

盧昱瑞

高雄人。畢業於臺南藝術大學音像紀錄所，以捕捉影像為志業。2005 年開始拍攝紀錄片，題材大多圍繞在海港生活的人，偶爾也關注老房子和文化資產等相關議題。

李阿明

1959 年生，國立藝專畢業。自由、中時、聯合報系等紙媒攝影記者與主管。著有《這裡沒有神：漁工、爸爸桑和那些女人》、《這裡沒有夢：逆父、不肖子和潛行者》等。

特別感謝：謝孟洋、賴以博、林鈺智 協助攝影

插畫繪圖

林建志

藝術工作者。2011 年因緣際會斜槓到書本插畫，這些年持續產出插畫和地圖。近期作品見《跟著俊賢去旅行》地圖繪製，《會呼吸的土團屋》繪本插畫、繪製《尋找曾文溪的 1000 個名字》展曾文溪流域地圖。現居臺南市。

尋山，發現人情

東高雄 山/食/農/藝創生故事

文　　字｜蘇福男、羅莎、謝沛瑩、楊路得、陶依玟、翁禎霞、徐葆權、林芷琪、余嘉榮、朱珮甄（依姓名筆劃排列）
攝　　影｜鍾舜文、盧昱瑞、李阿明、蘇福男、余嘉榮、謝孟洋、林鈺智、翁禎霞、賴以博
插　　畫｜林建志

出 版 者｜高雄市政府文化局
發 行 人｜王文翠
企劃監督｜簡美玲、簡嘉諭、盧致禎、陳美英
行政企劃｜林美秀、張文聰、施雅芳、宋鵬飛
地　　址｜802 高雄市苓雅區五福一路 67 號
電　　話｜07-2225136
官　　網｜www.khcc.gov.tw

編輯製作｜我己文創有限公司
總 編 輯｜林瑩華
編輯顧問｜田運良
執行編輯｜崔舜華
美術設計｜黃裴文
地　　址｜231 新北市新店區安祥路 153 號 3 樓
電　　話｜02-26710471
總 經 銷｜紅螞蟻圖書有限公司
地　　址｜臺北市內湖區舊宗路二段 121 巷 19 號
電　　話｜02-27953656
傳　　真｜02-27954100

共同出版｜高雄市政府文化局 · 我己文創有限公司
出版日期｜2024 年 12 月
定　　價｜420 元
ISBN 978-6-26726-746-2
GPN 1011301802
特別感謝：社團法人高雄市小鄉社造志業聯盟 協助聯繫

國家圖書館出版品預行編目 (CIP) 資料

尋山，發現人情：東高雄：山 / 食 / 農 / 藝創生故事 / 蘇福男，羅莎，謝沛瑩，楊路得，陶依玟，翁禎霞，徐葆權，林芷琪，余嘉榮，朱珮甄文字. -- 高雄市：高雄市政府文化局，2024.12
面；　公分
ISBN 978-626-7267-46-2（平裝）
1.CST: 人文地理 2.CST: 歷史 3.CST: 高雄市

733.9/131.4　　113018866